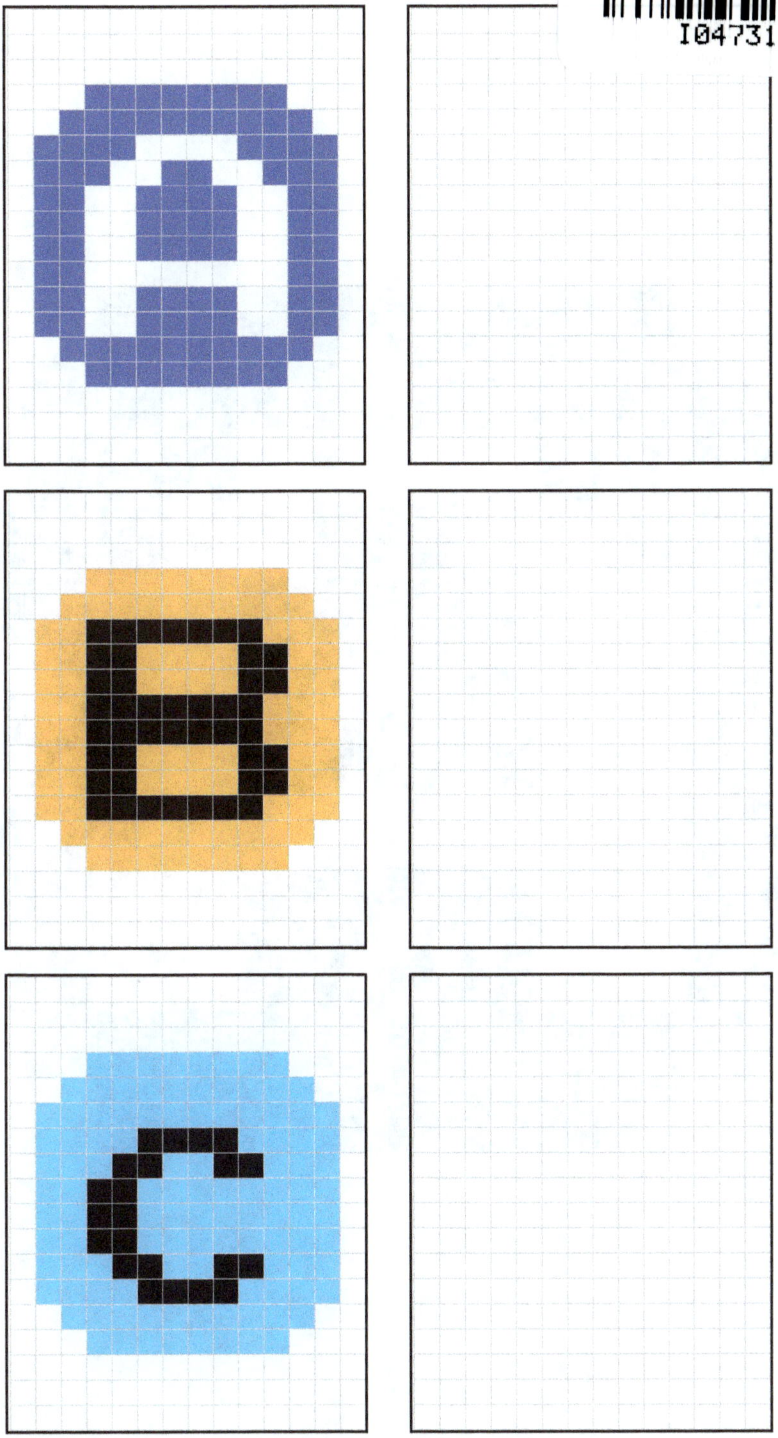

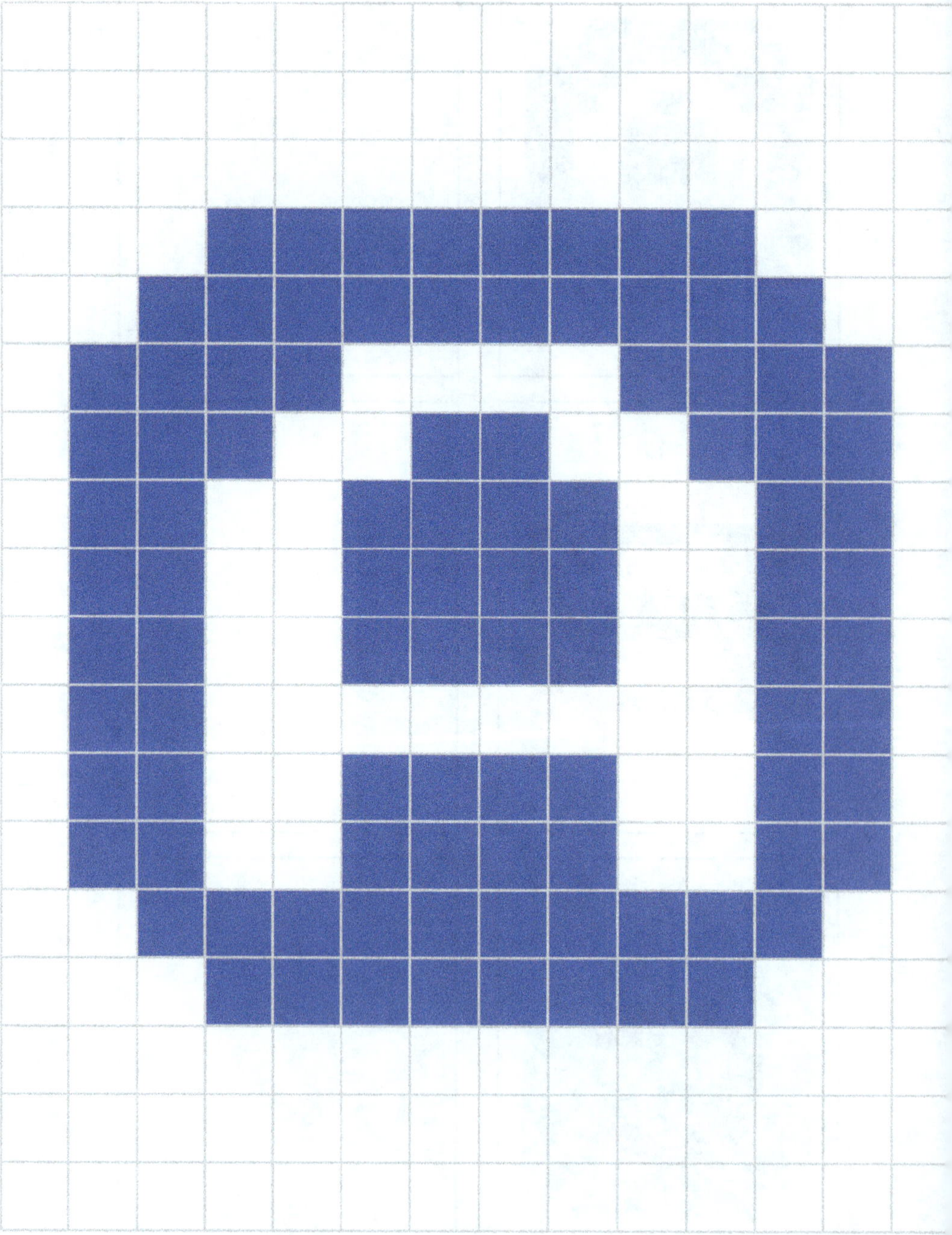

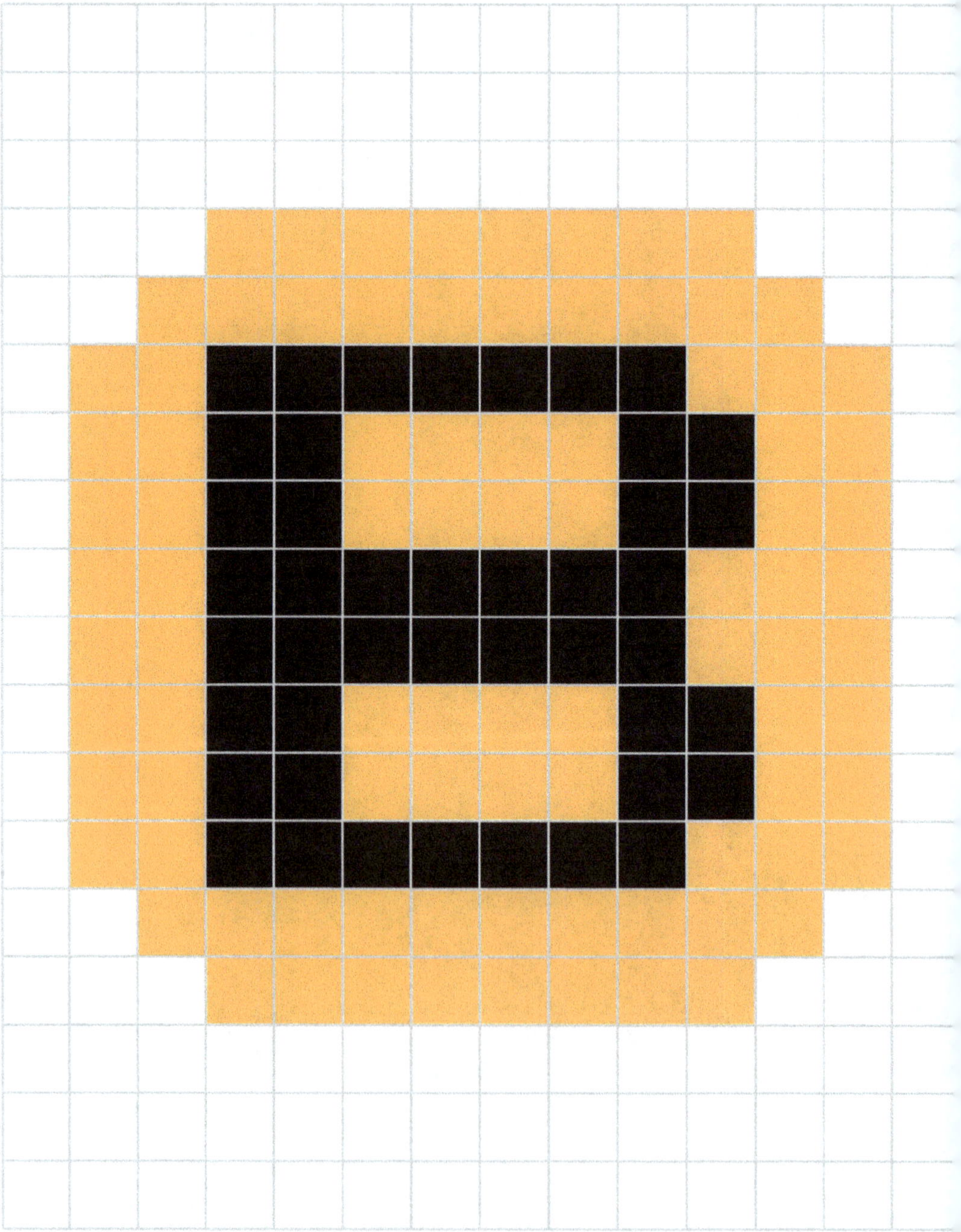

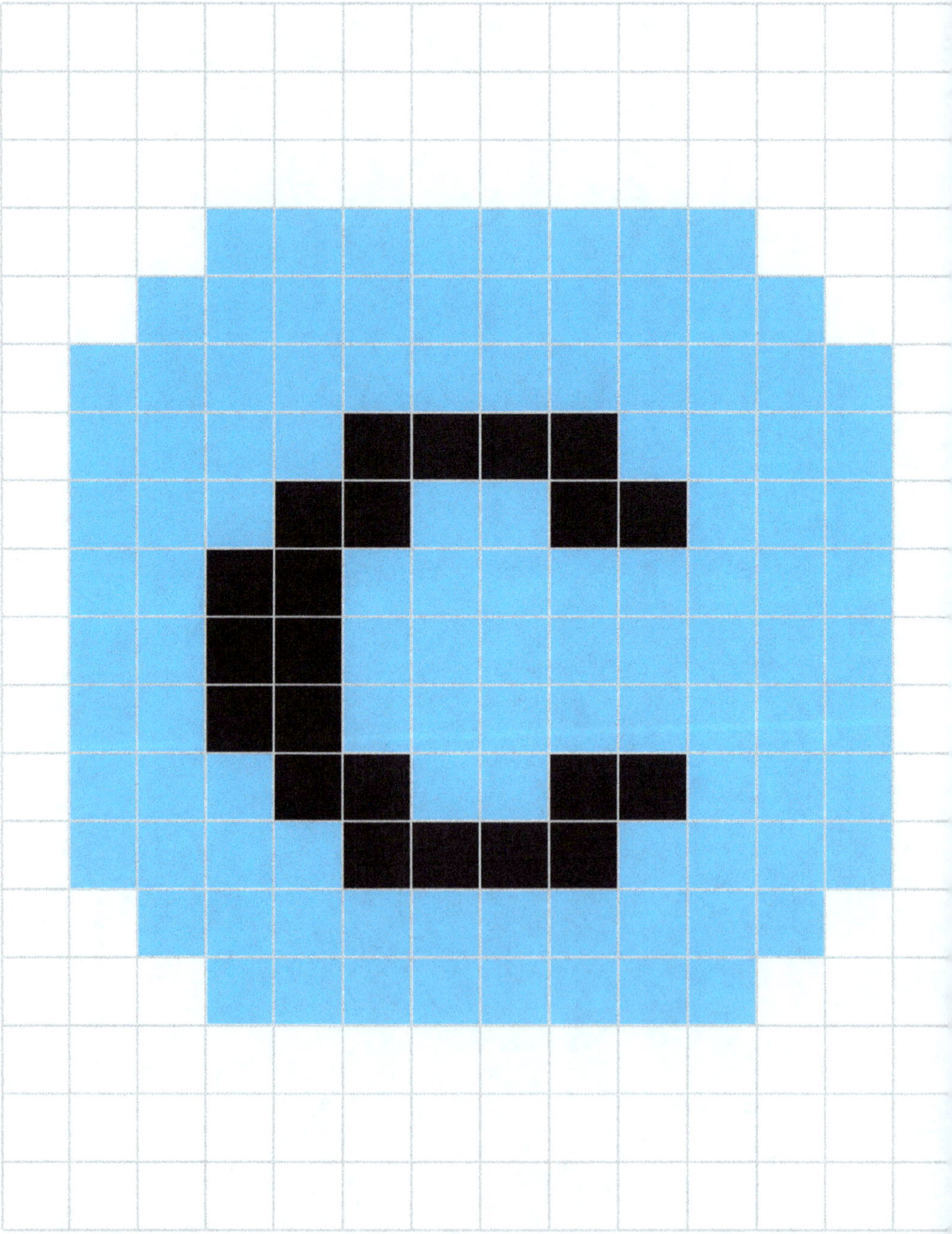

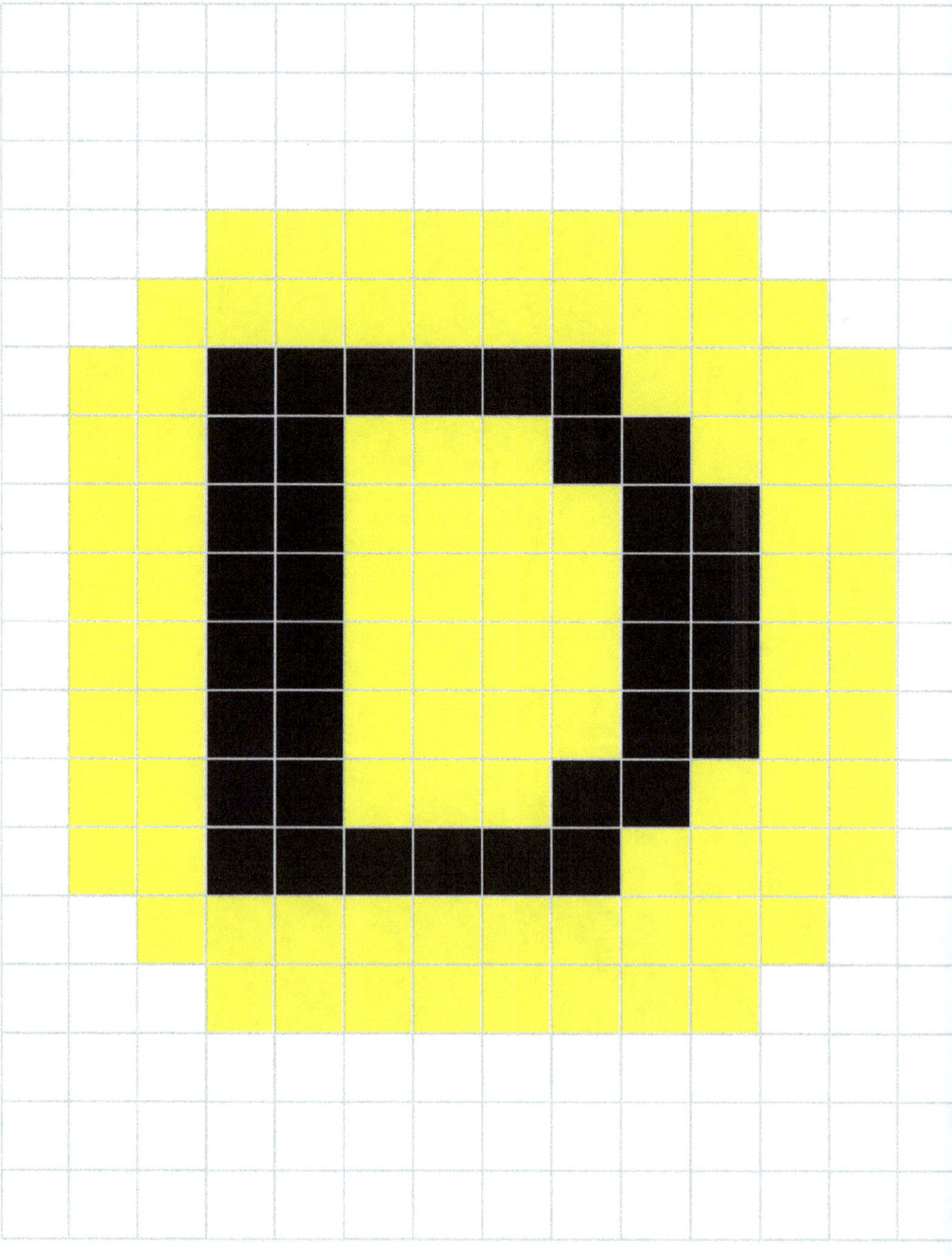

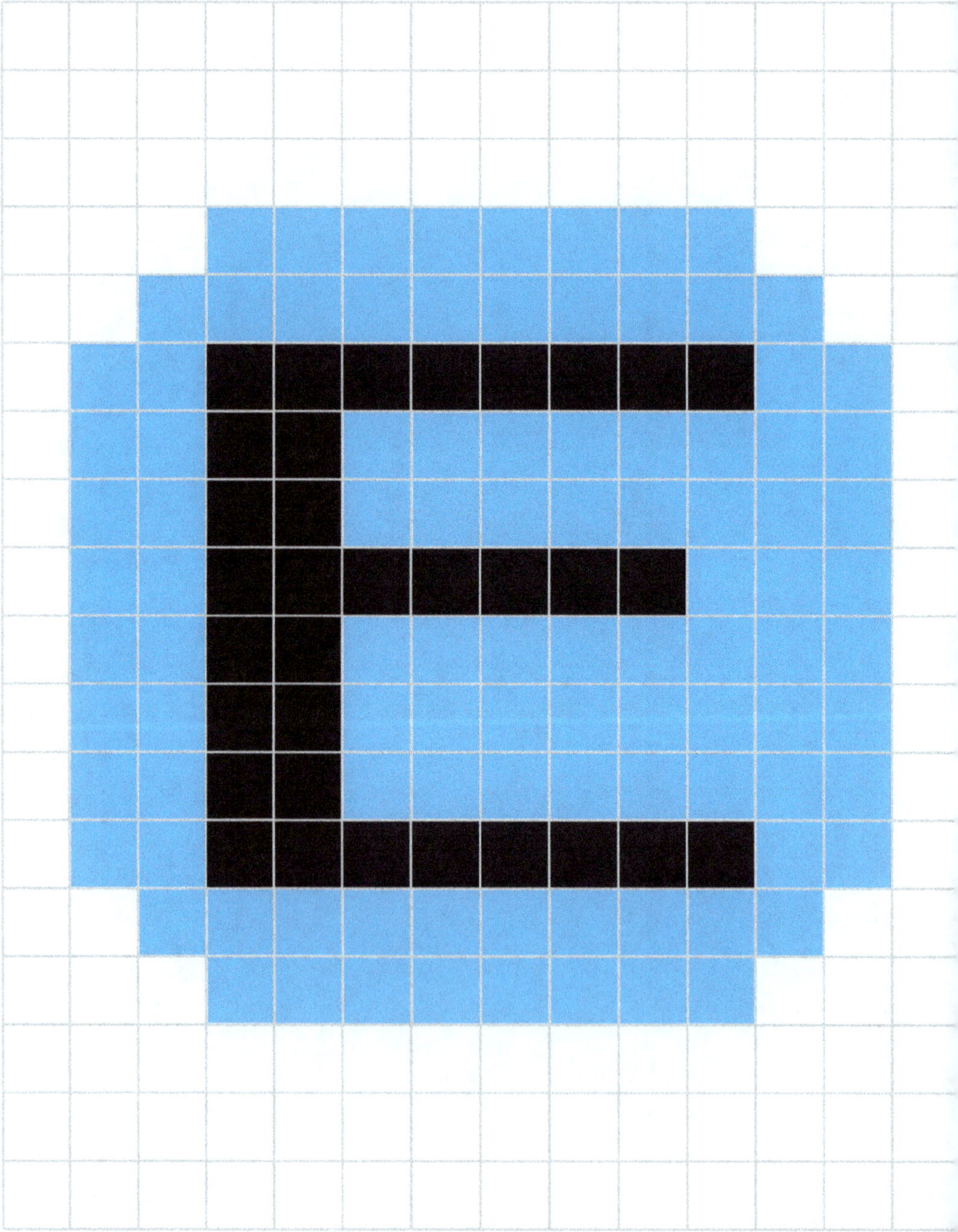

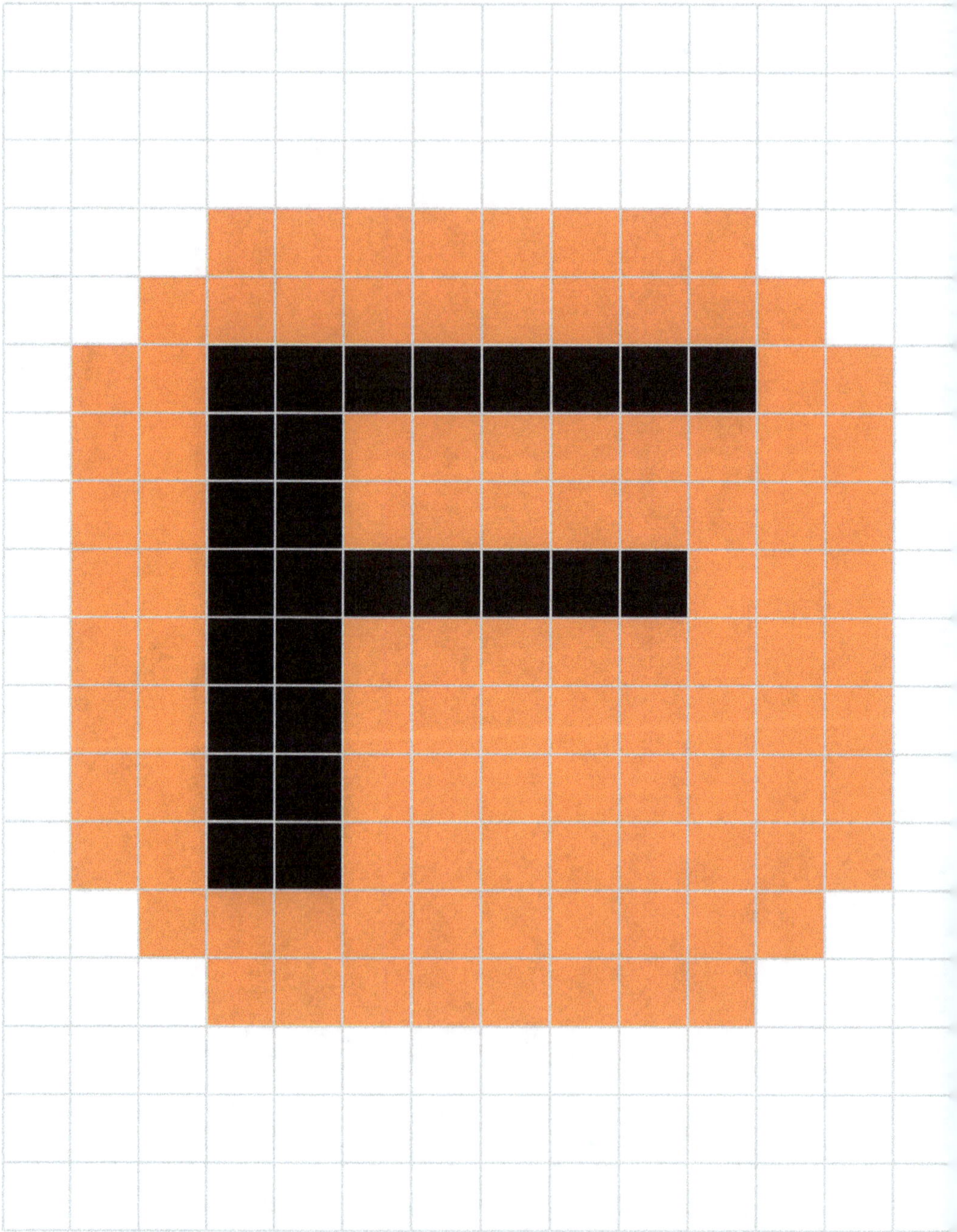

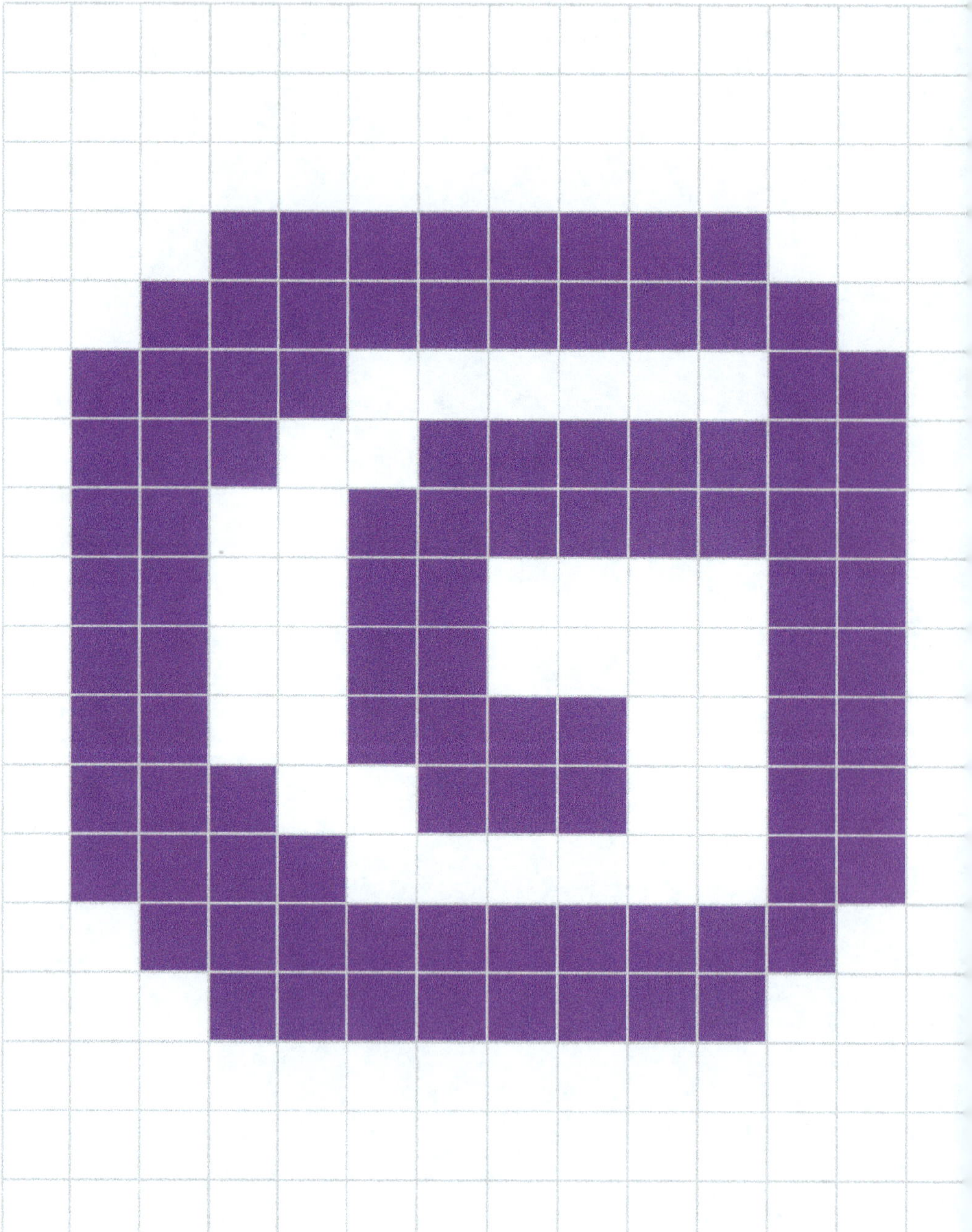

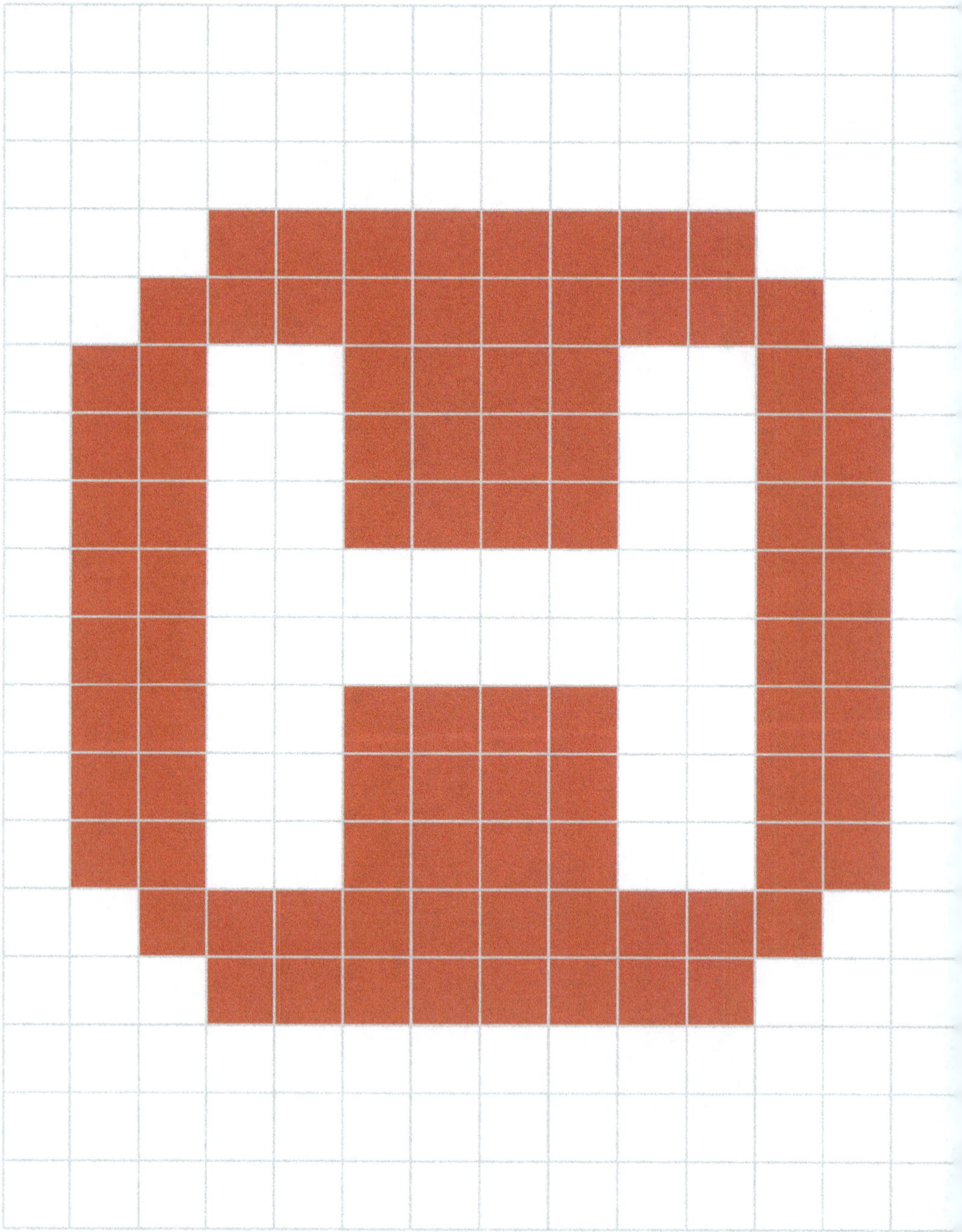

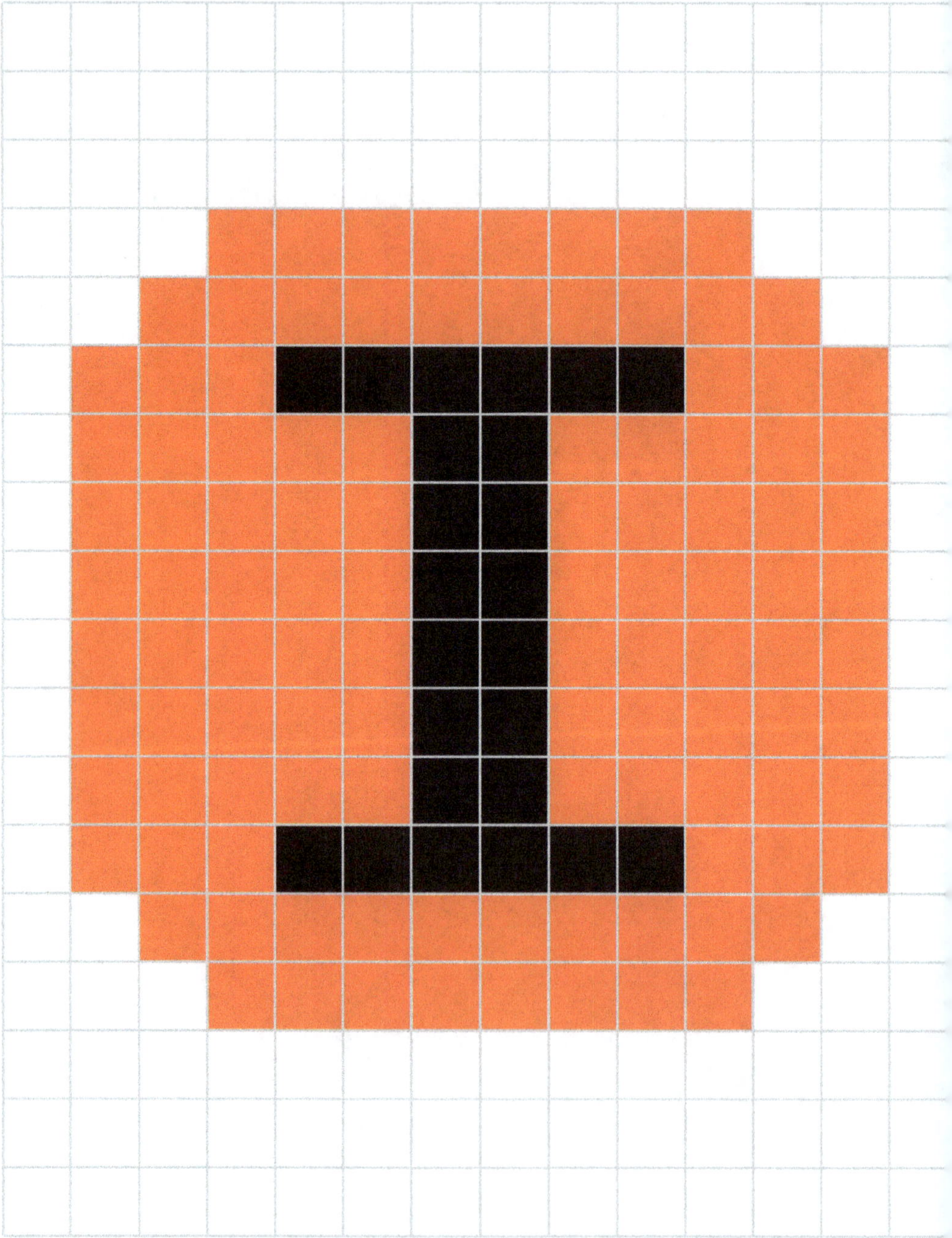
I

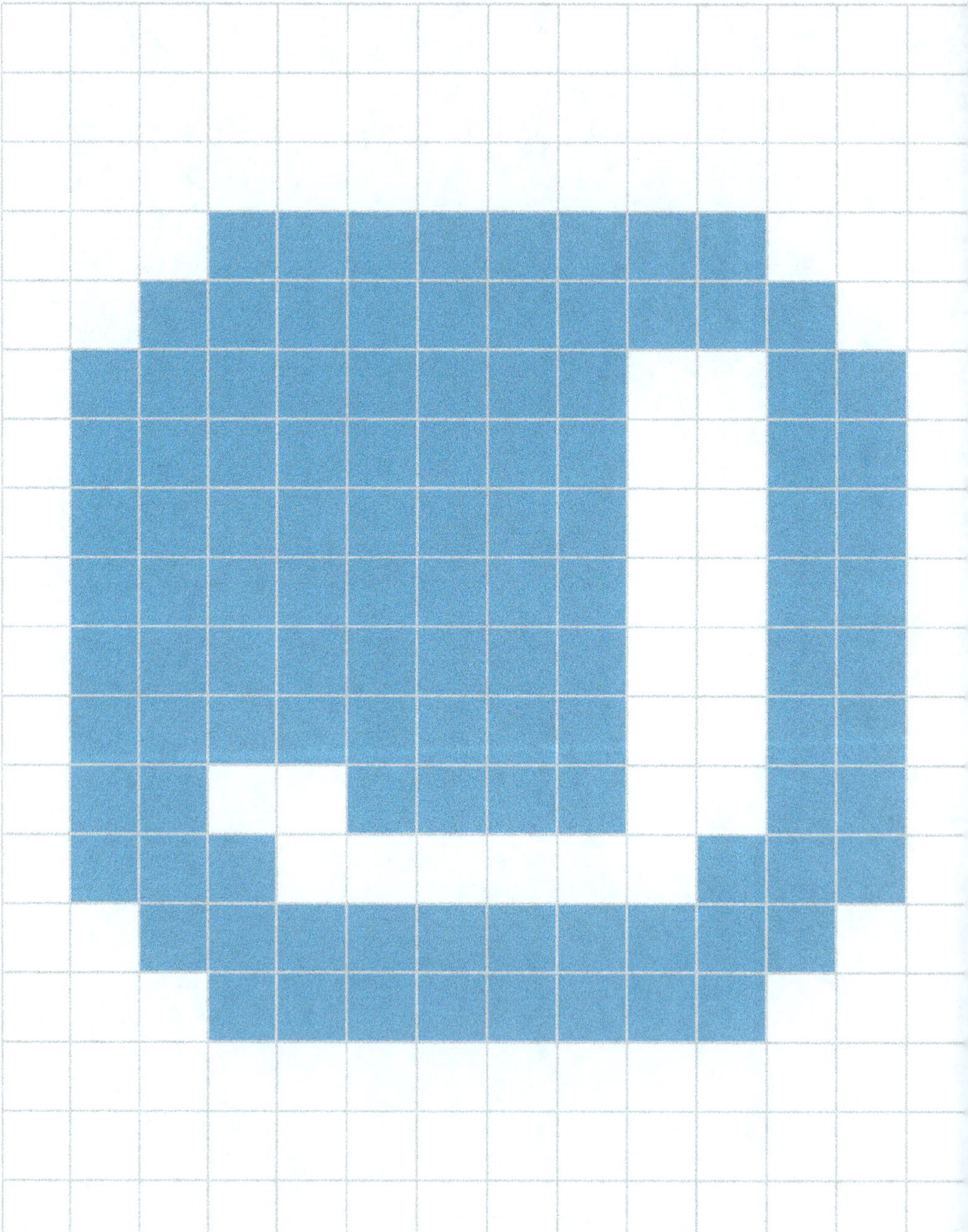

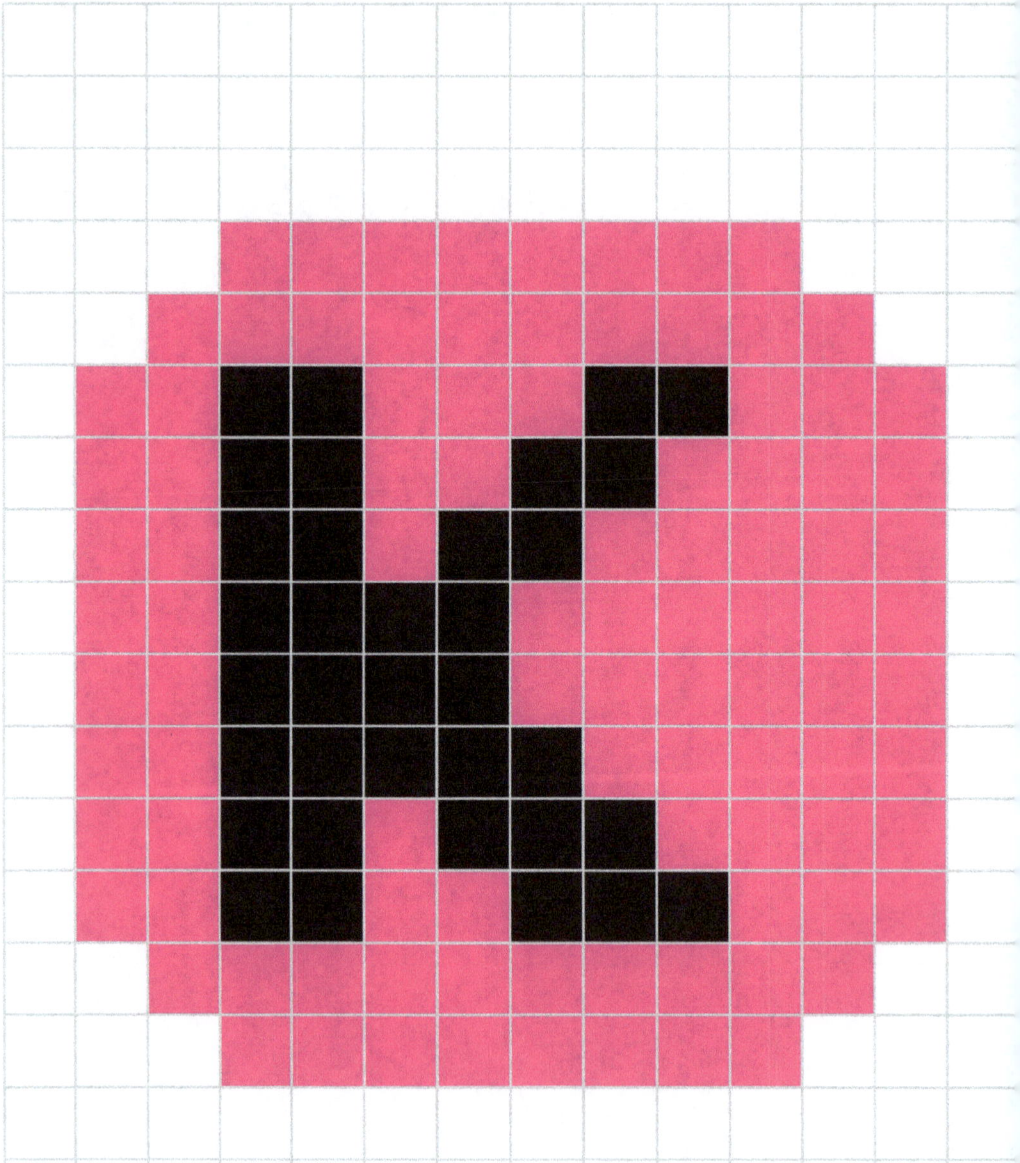

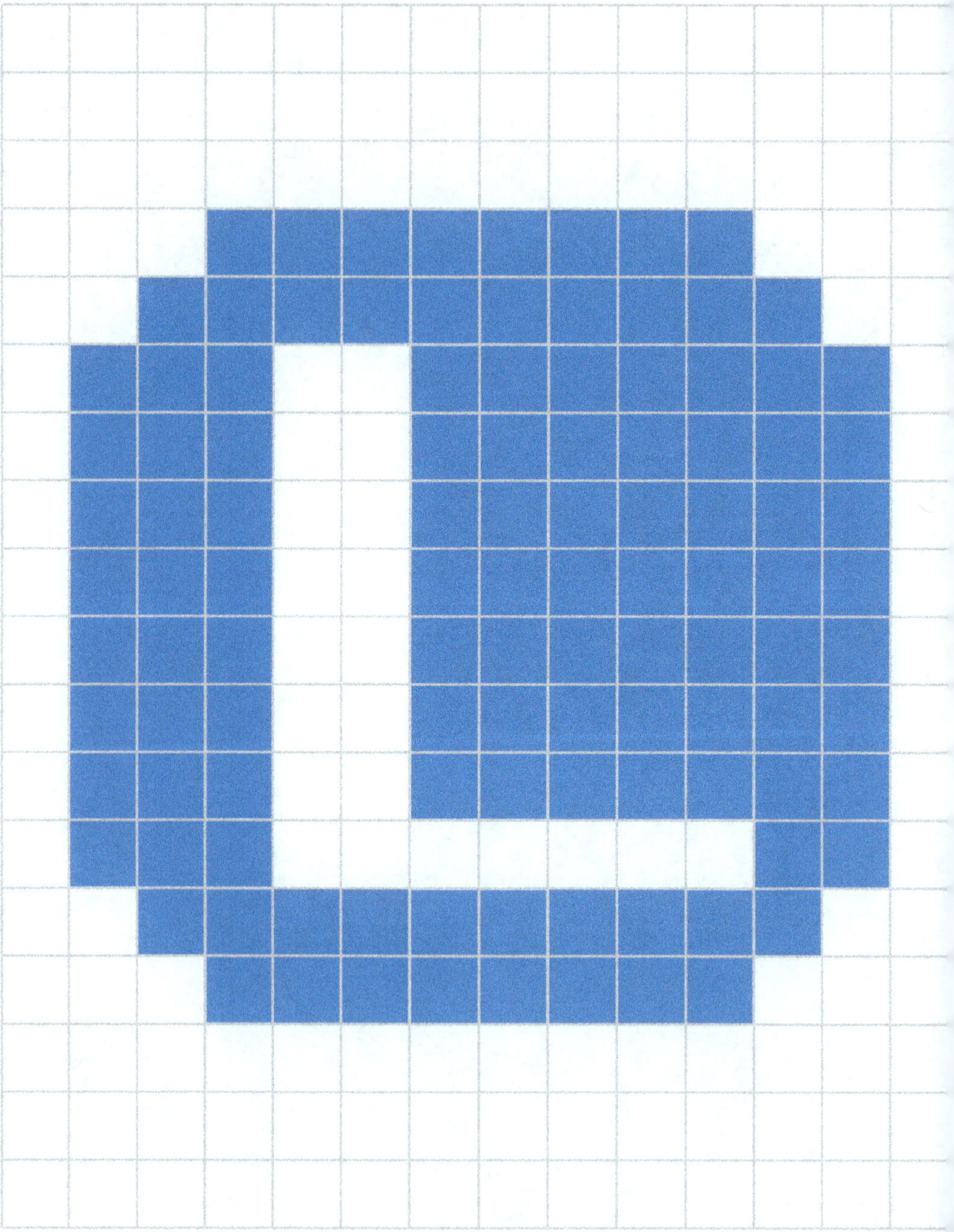

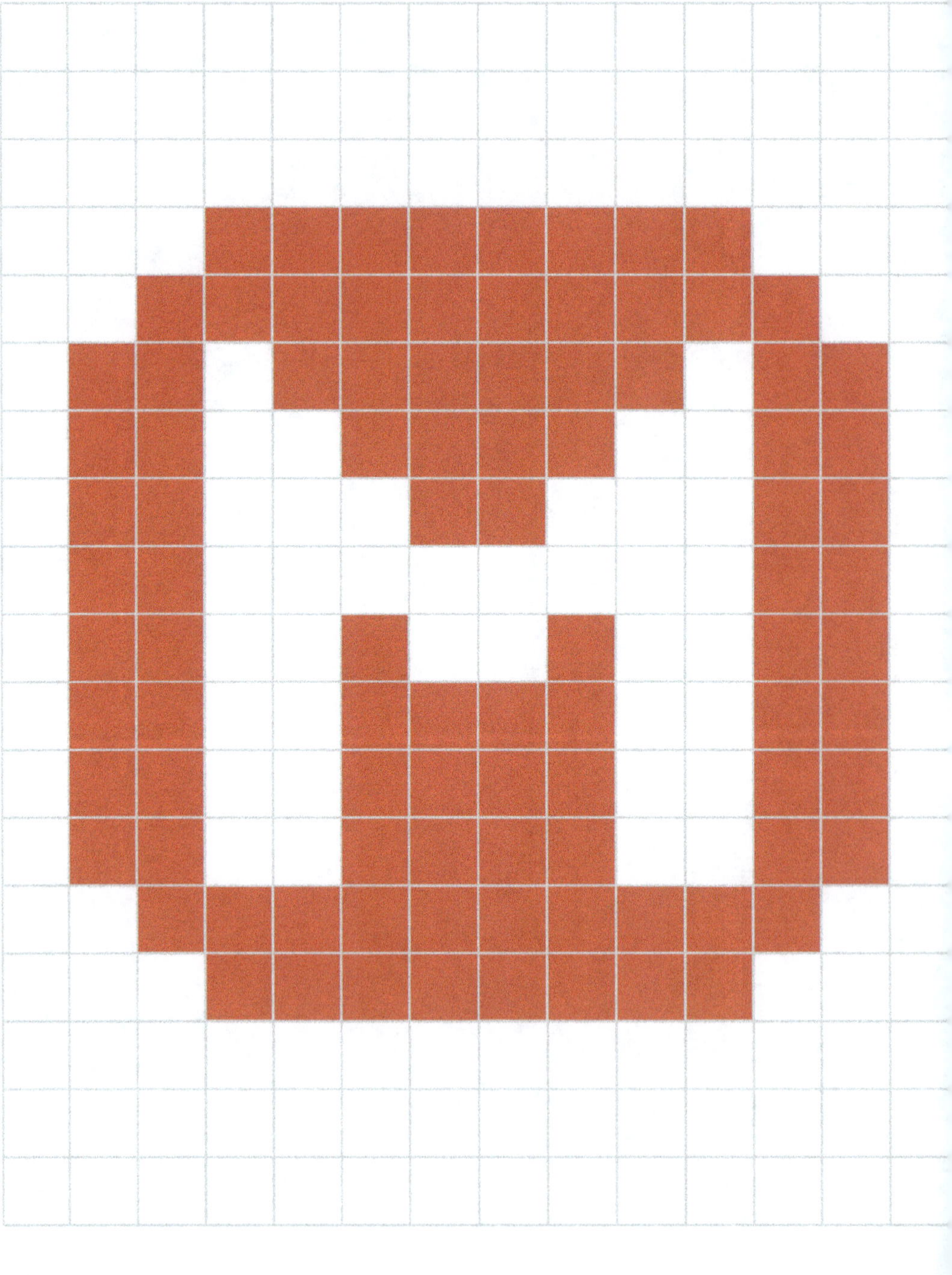

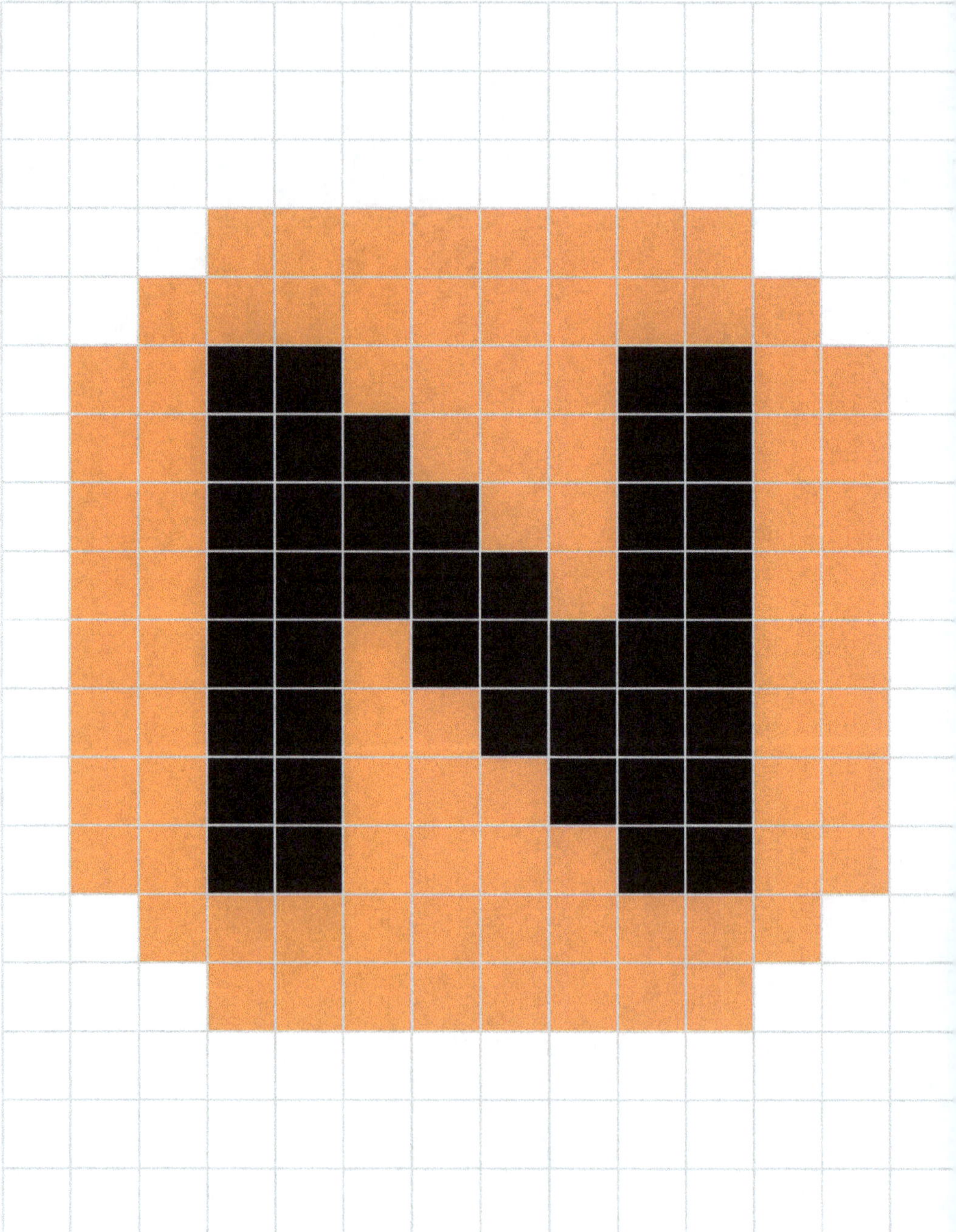

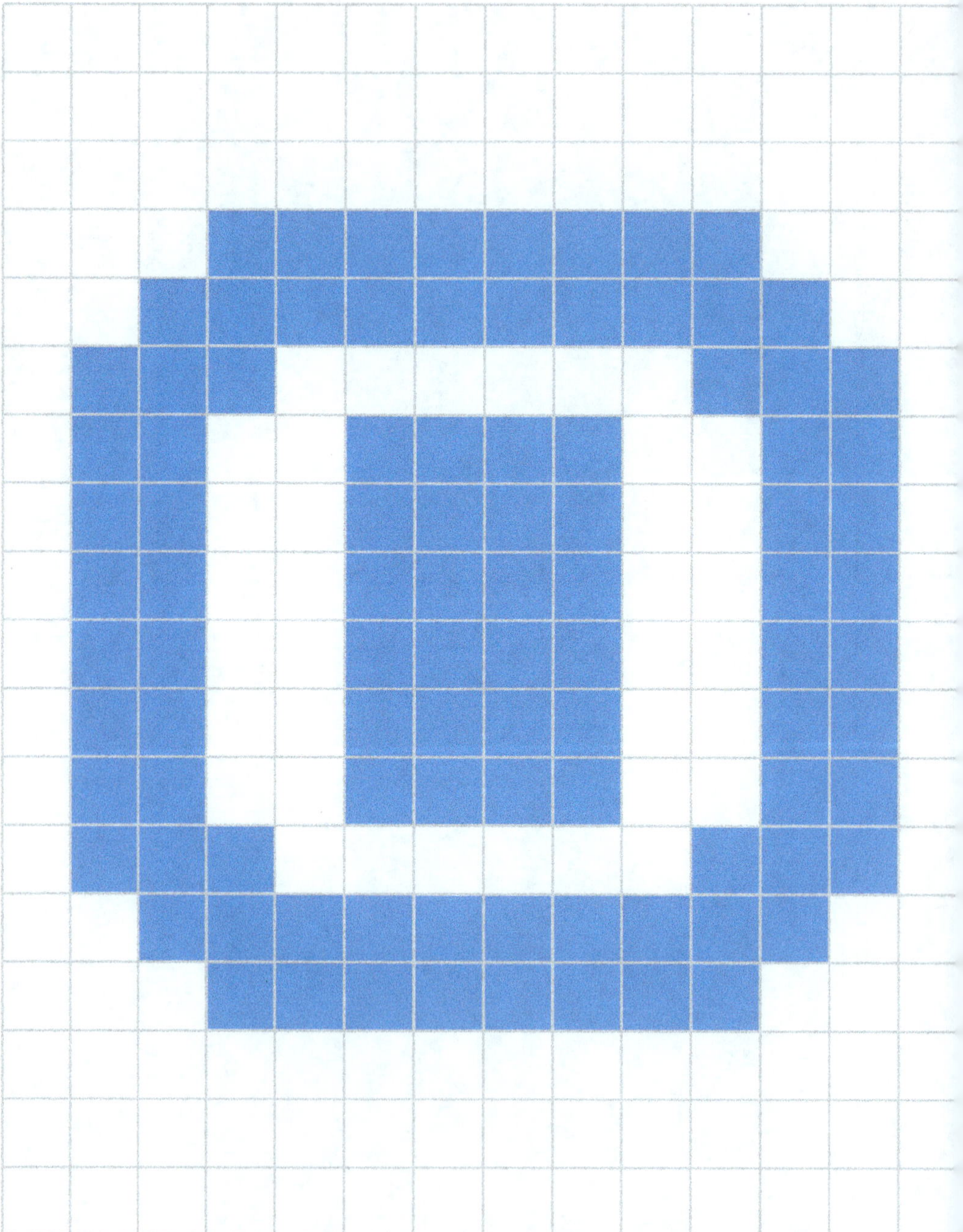

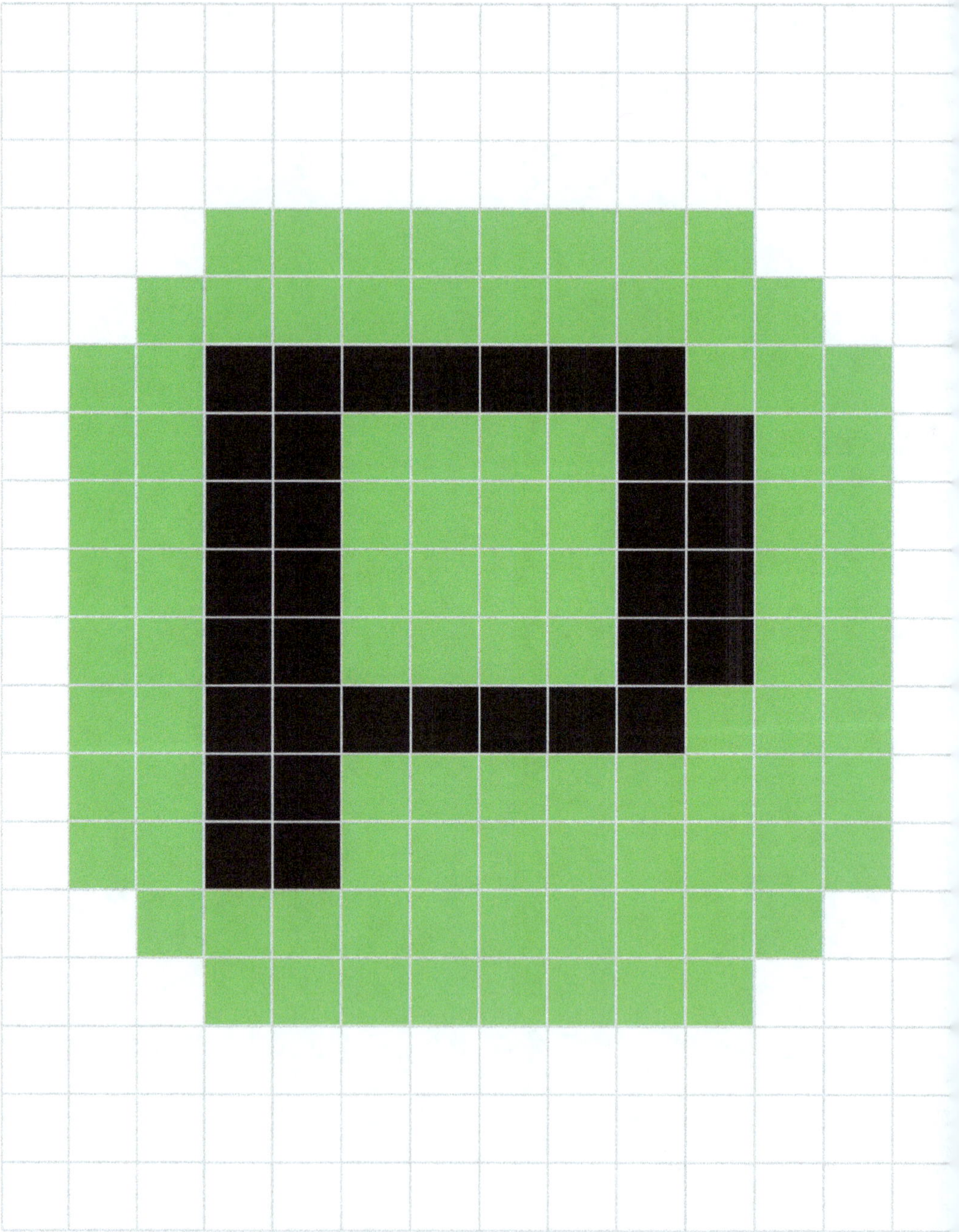

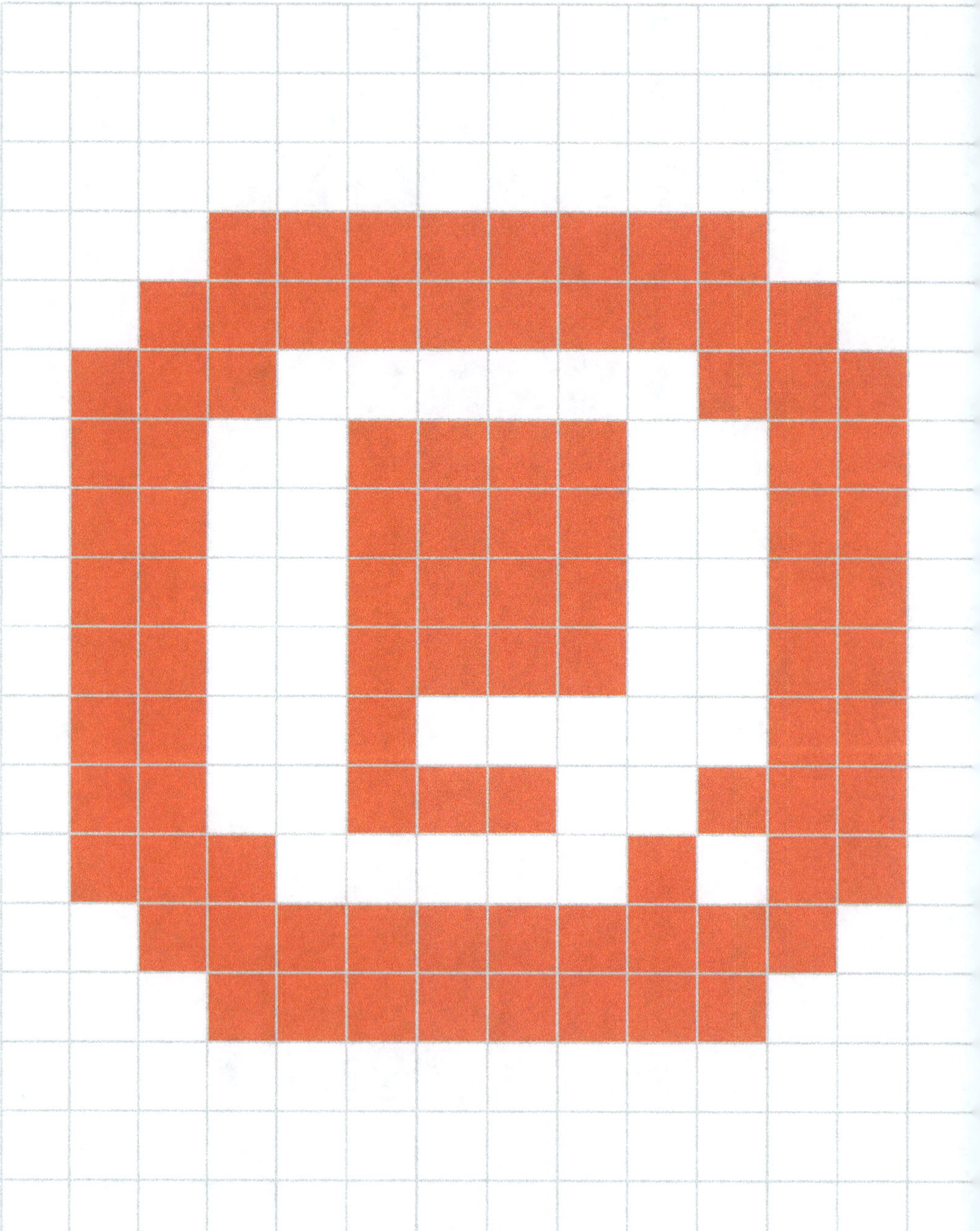

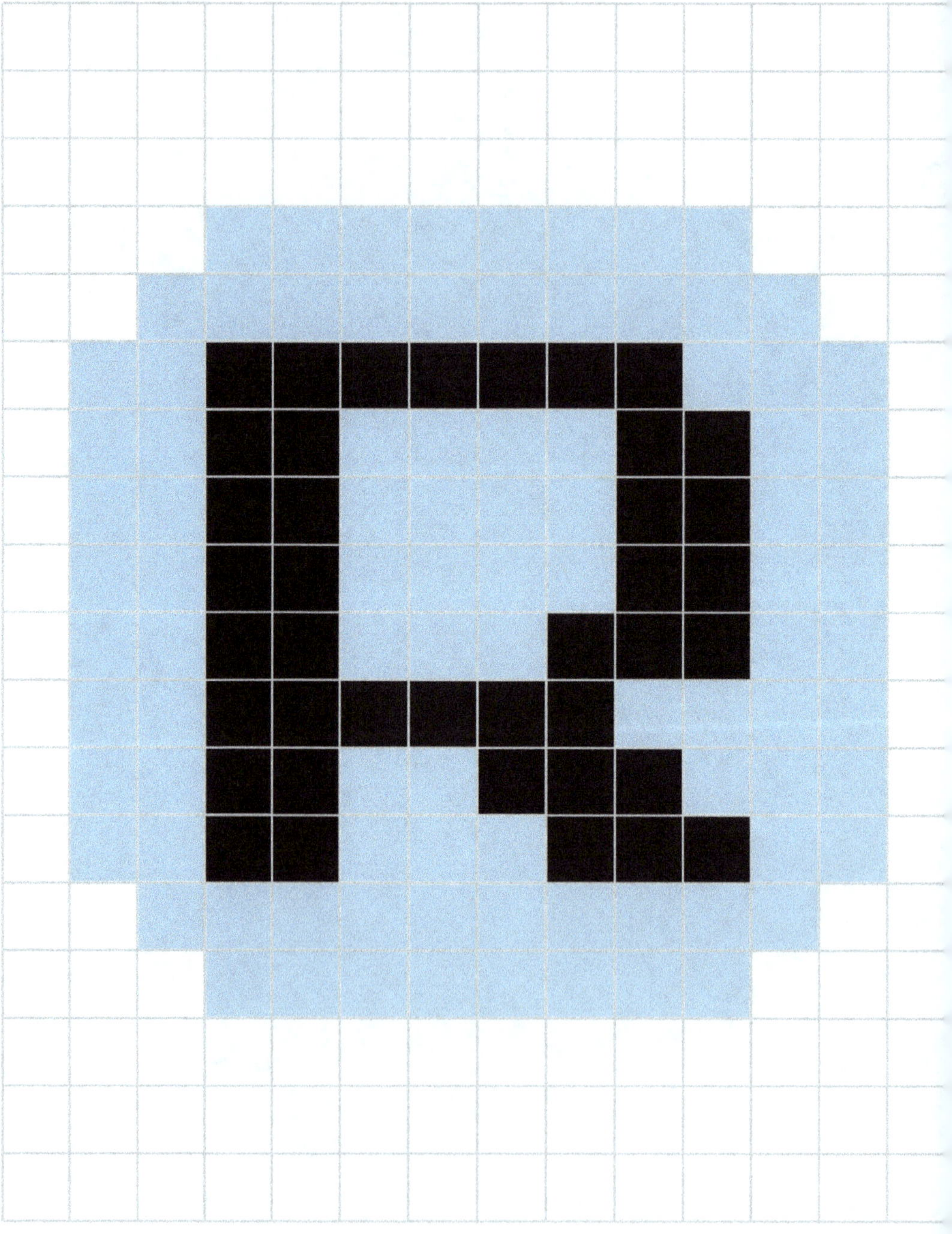

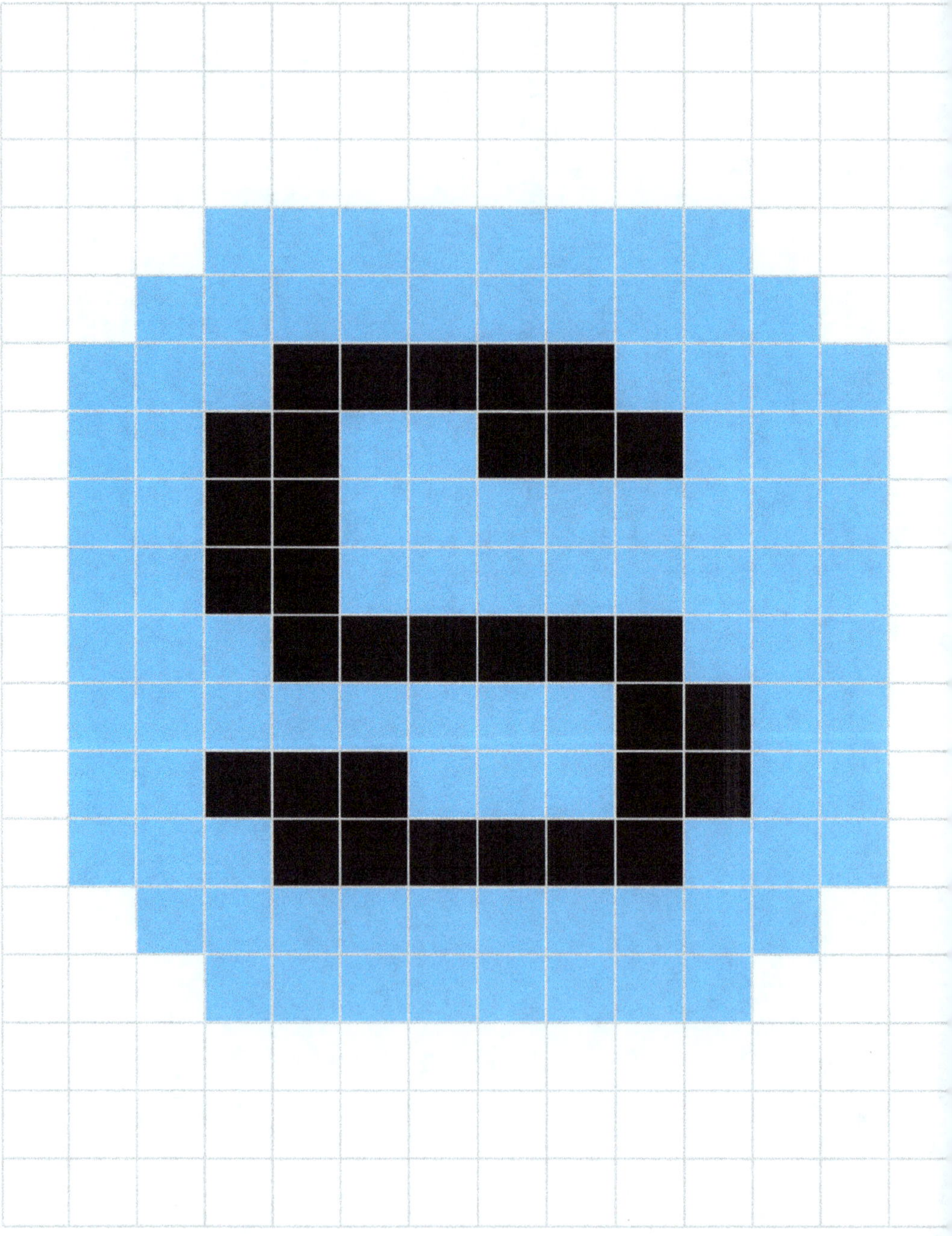

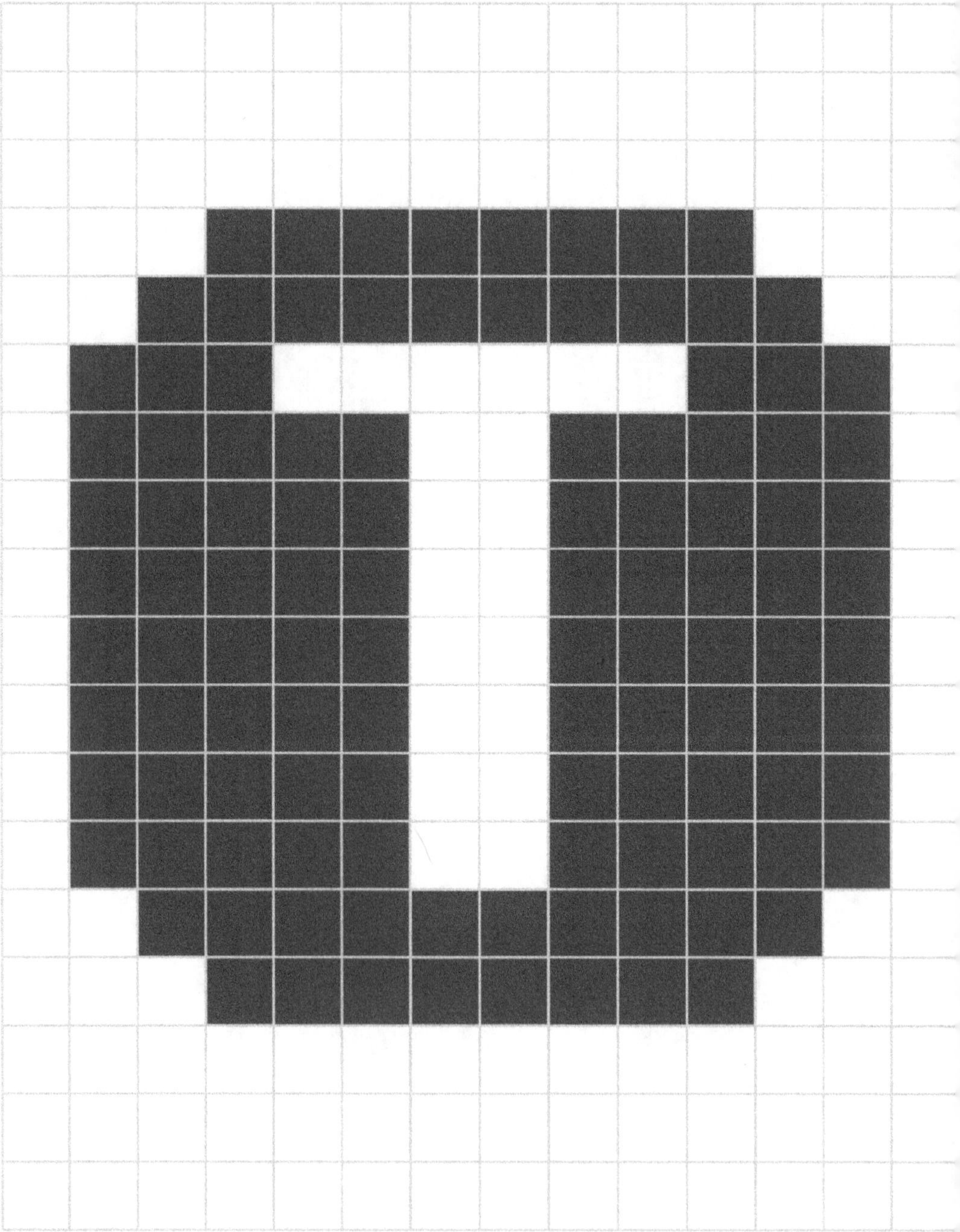

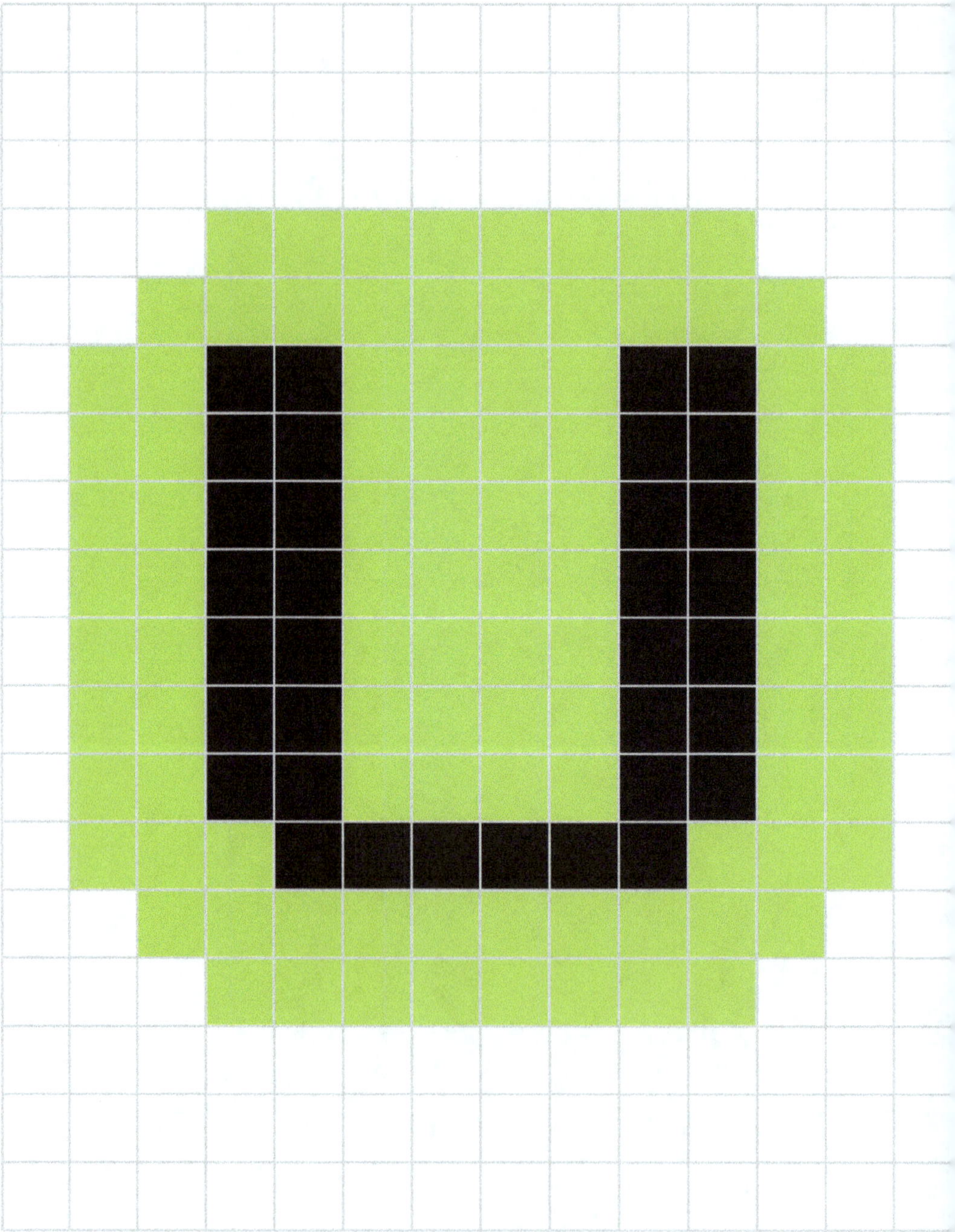

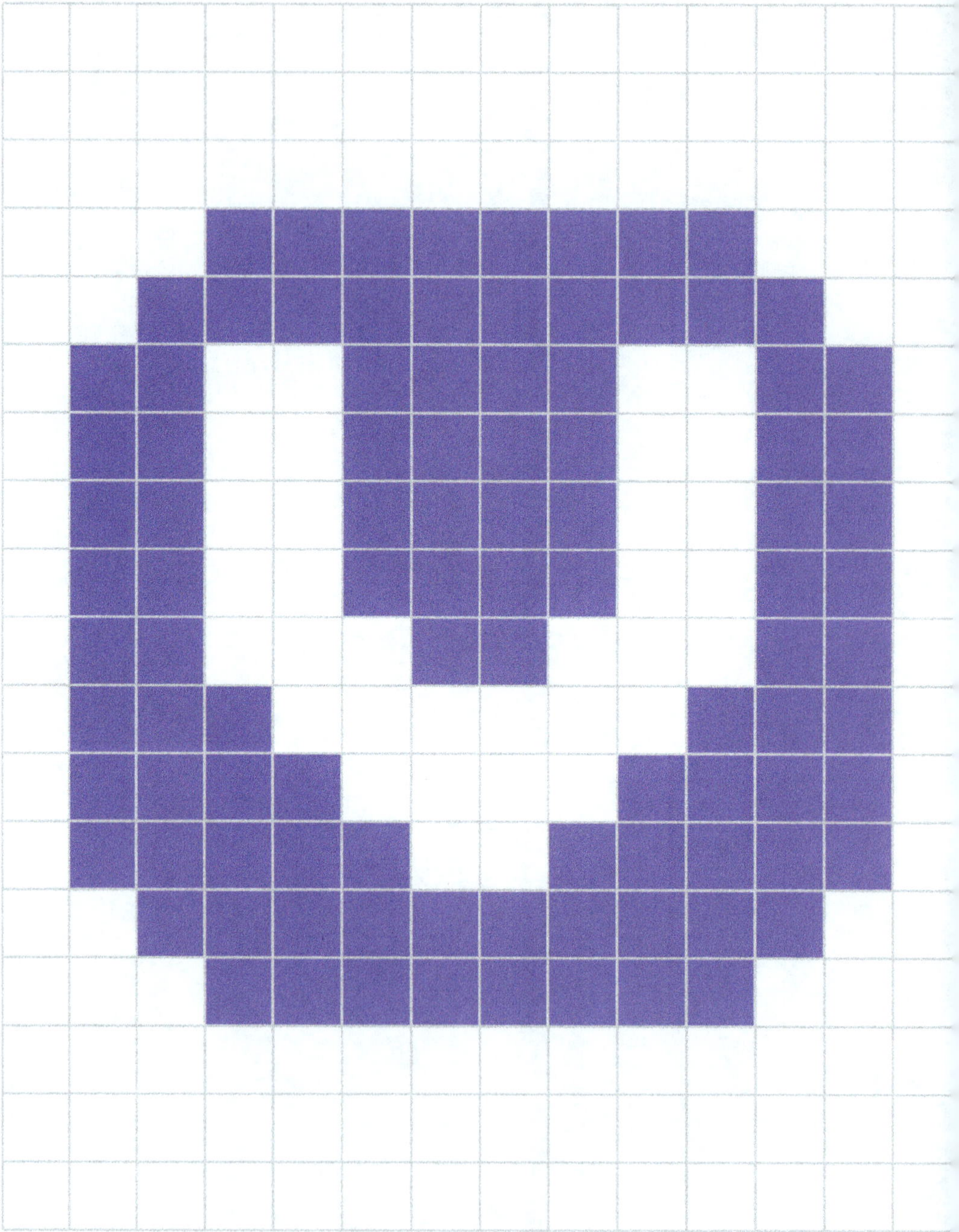

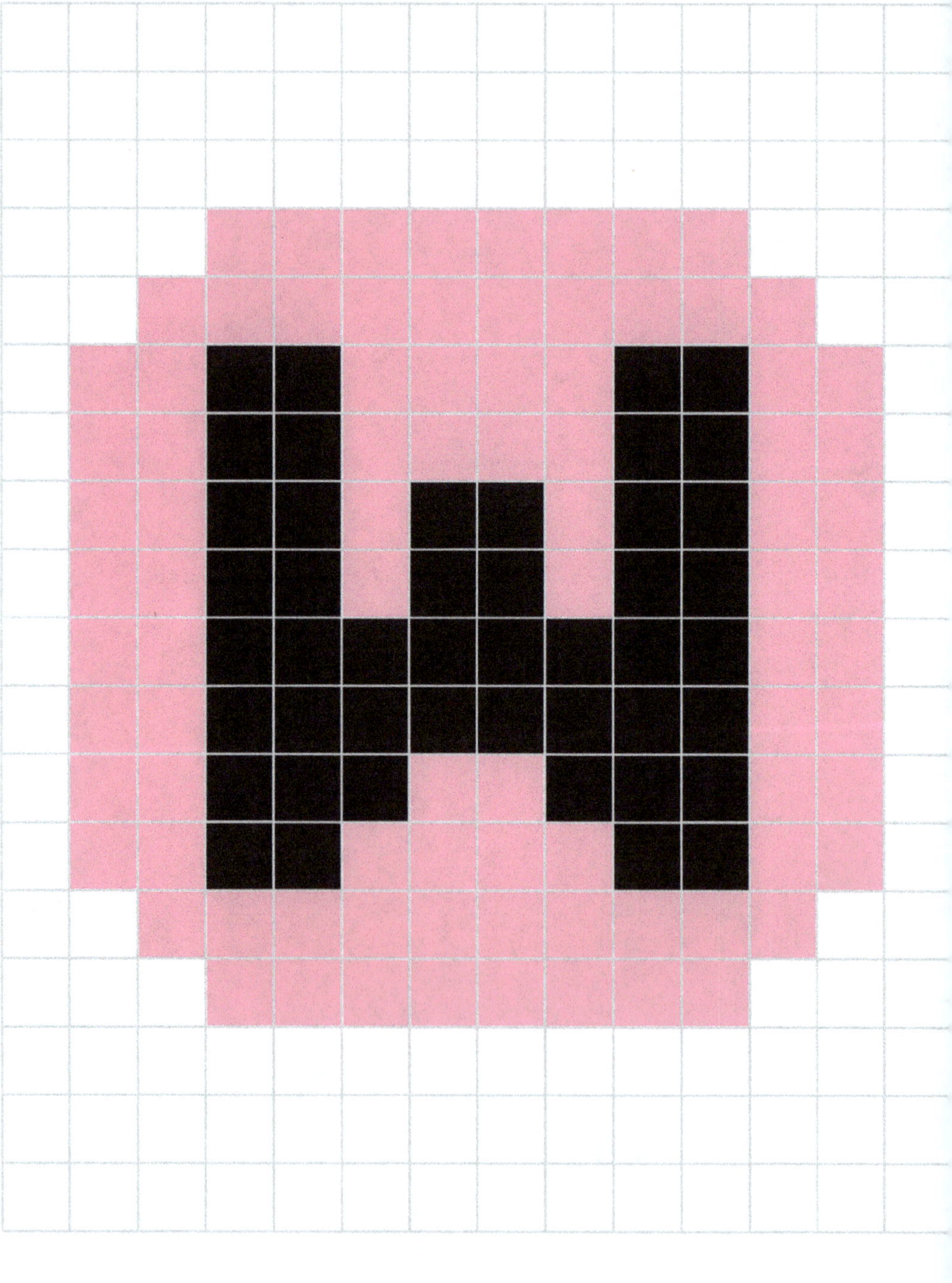

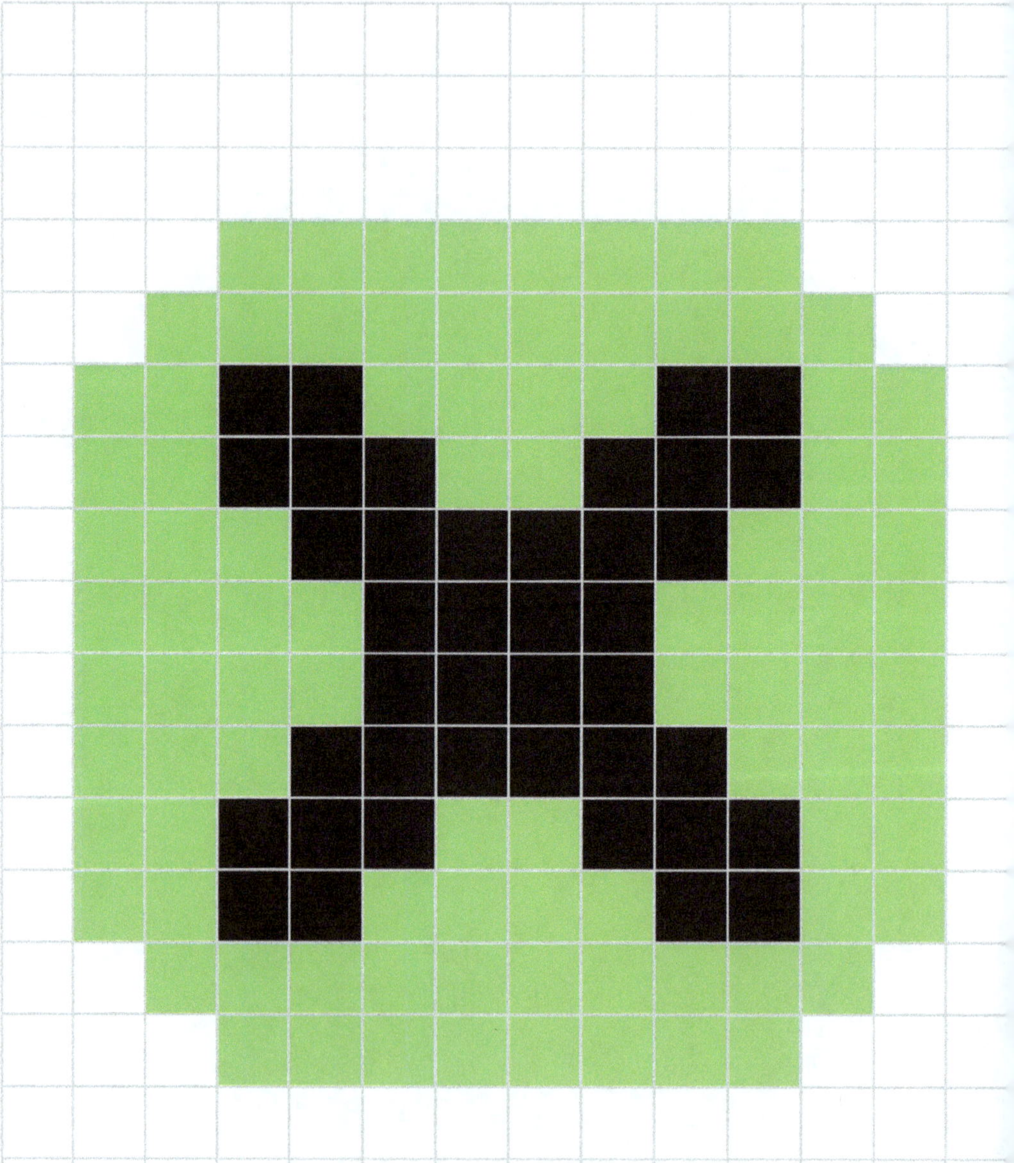

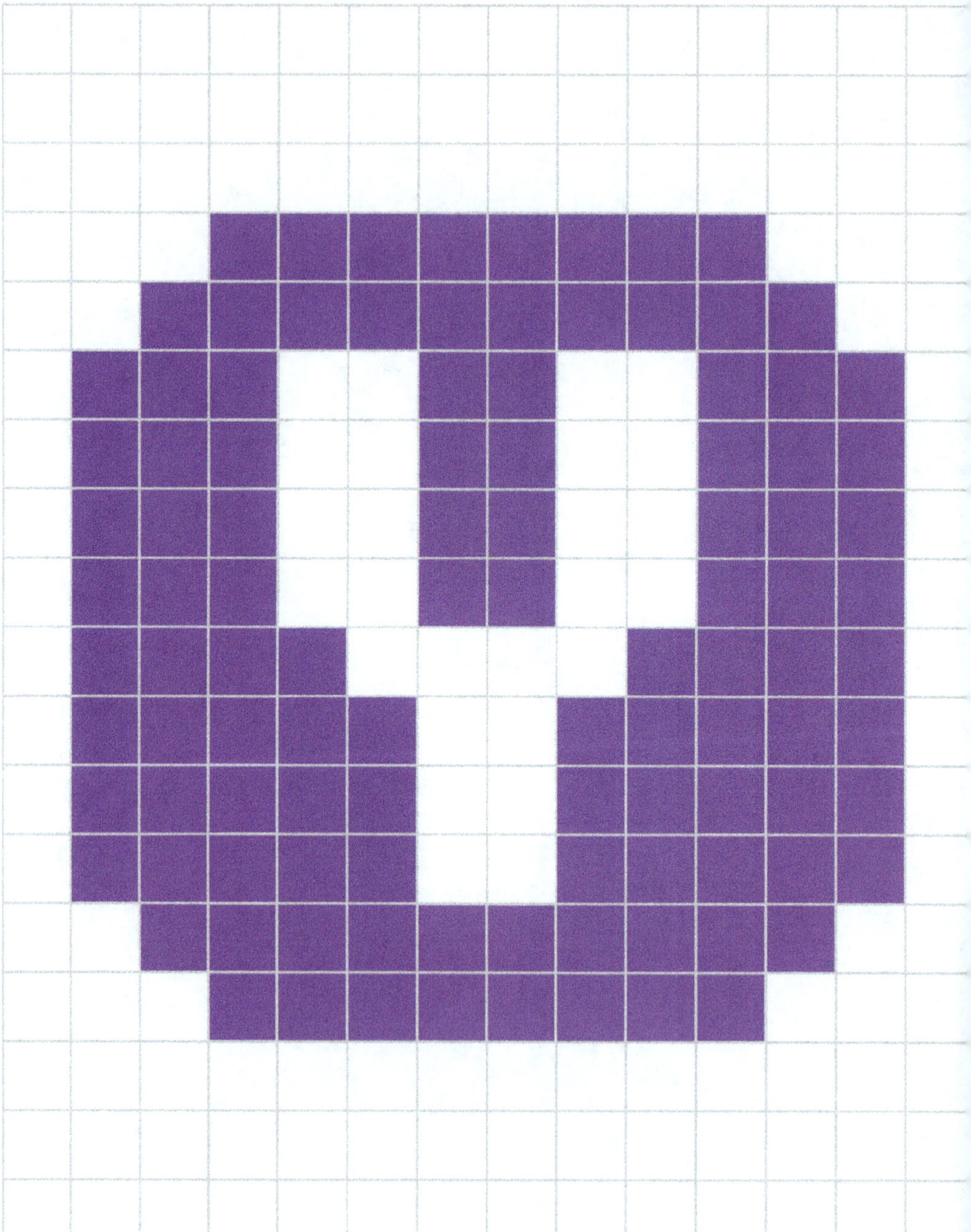

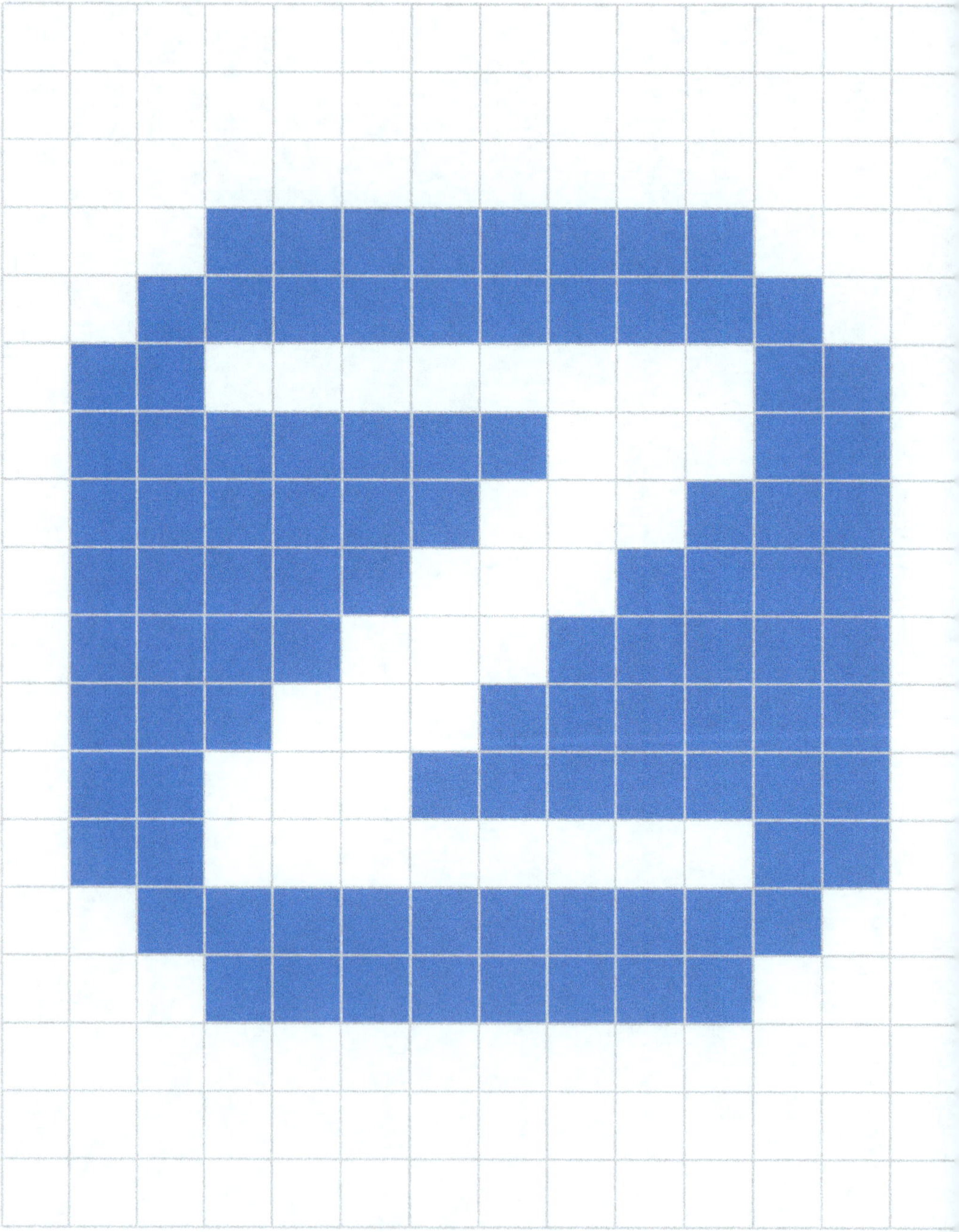

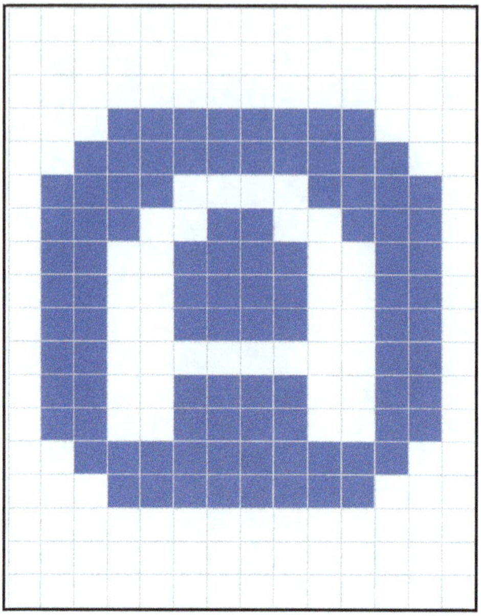

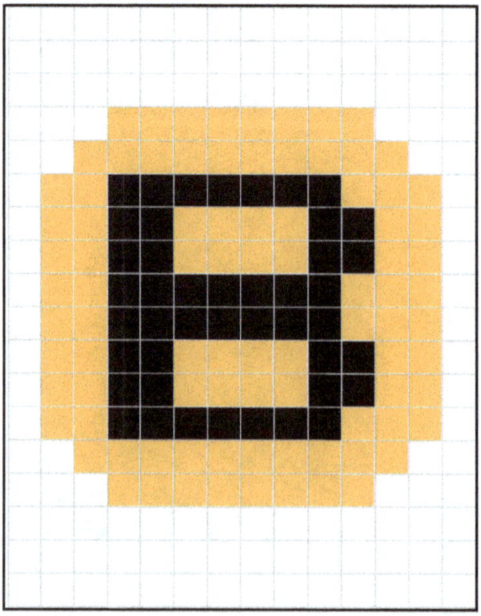

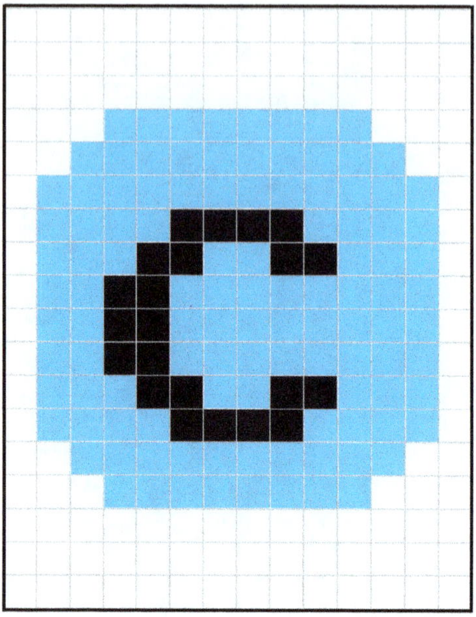

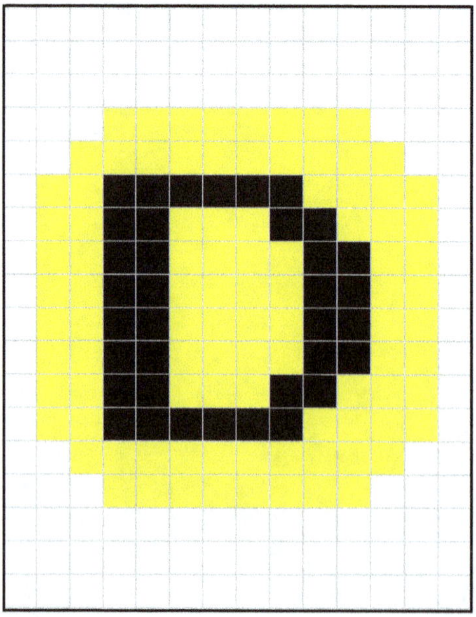

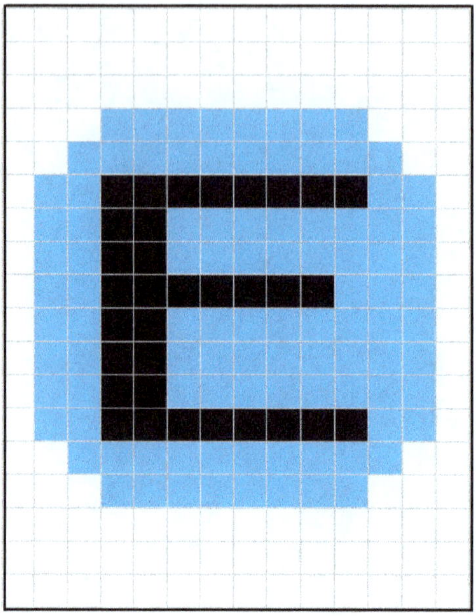
E

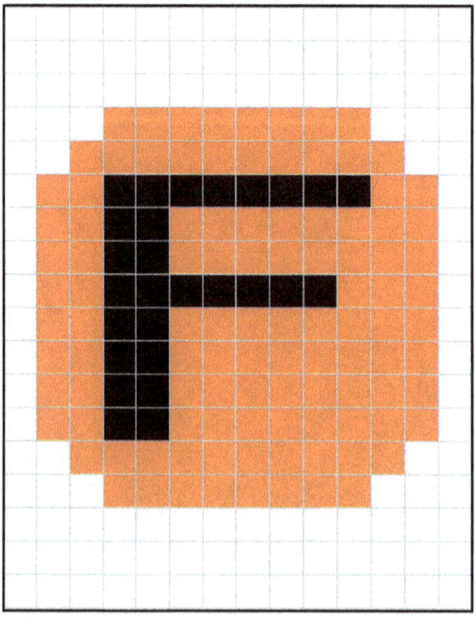
F

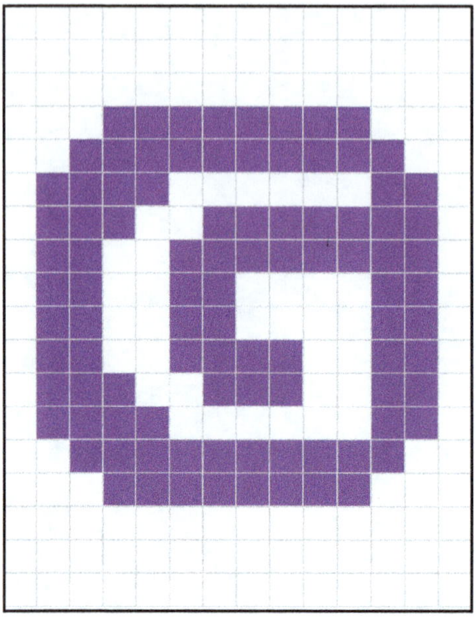

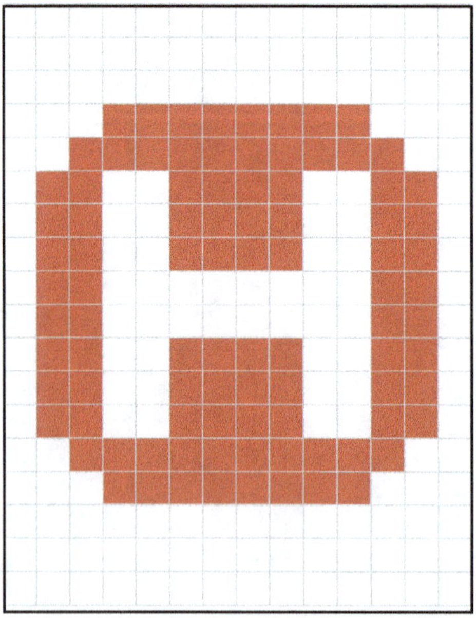

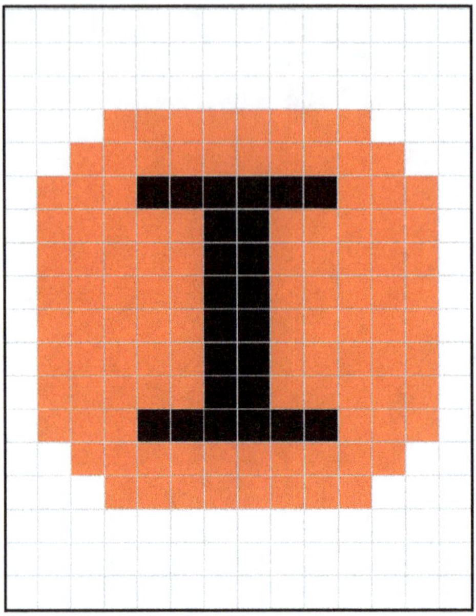
I

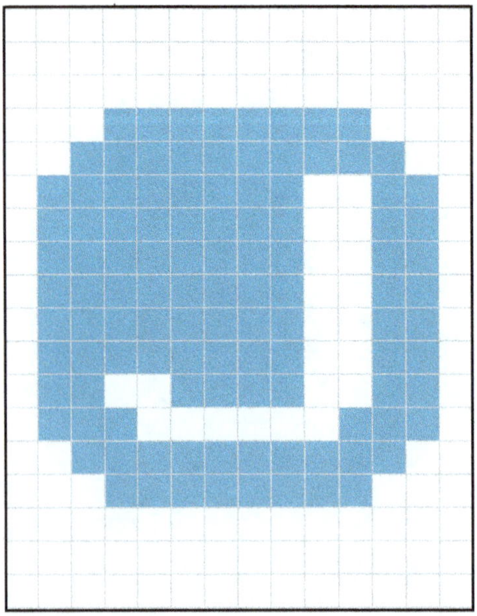
J

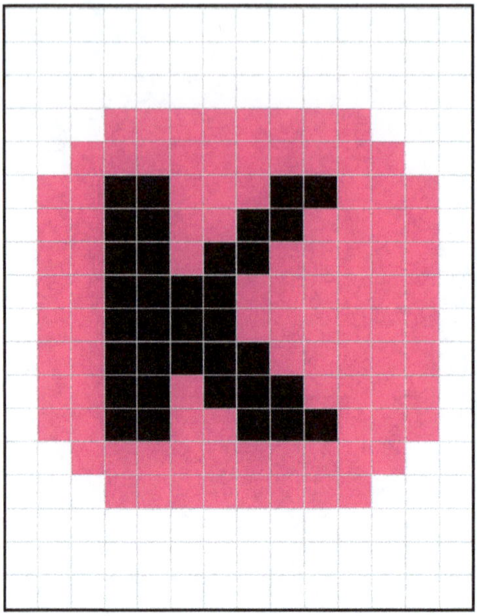
K

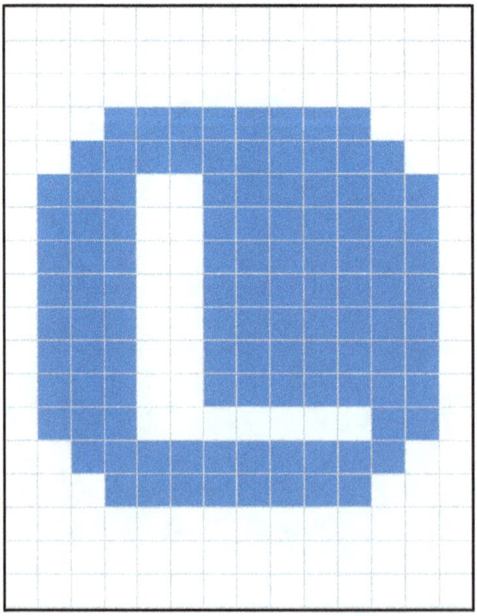
L

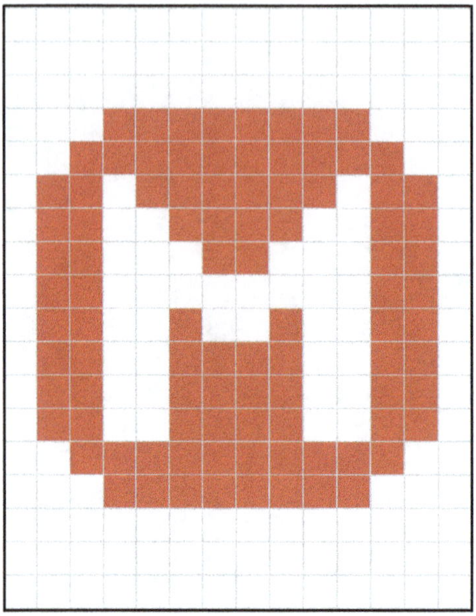
M

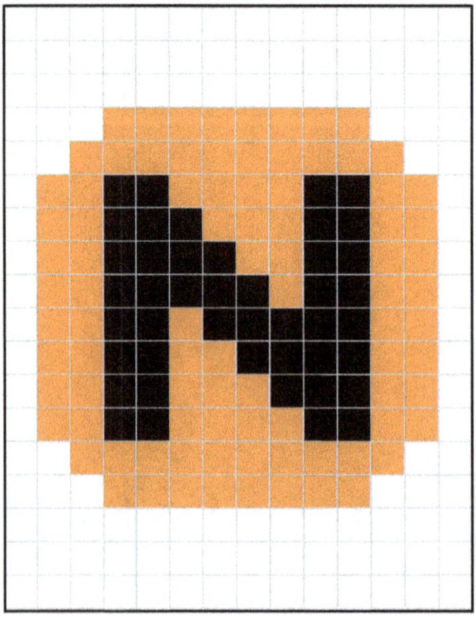
N

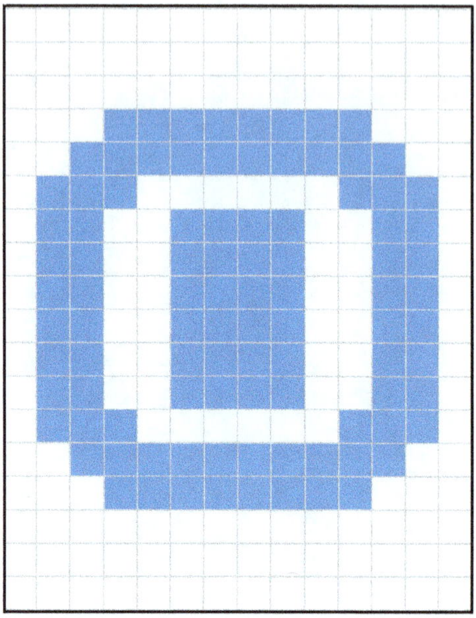

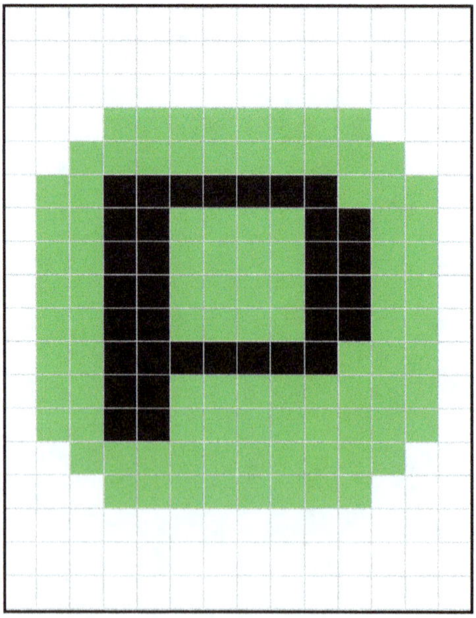

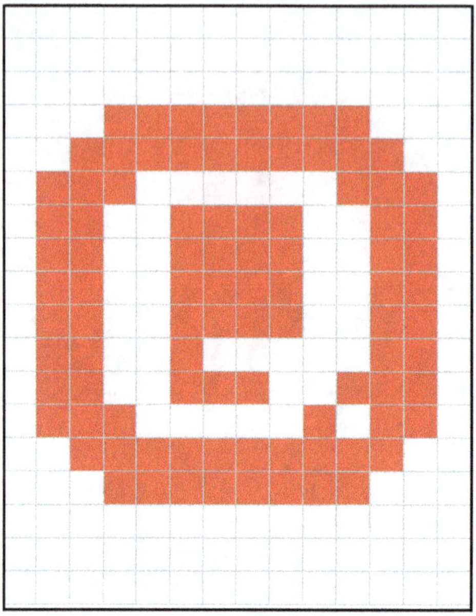

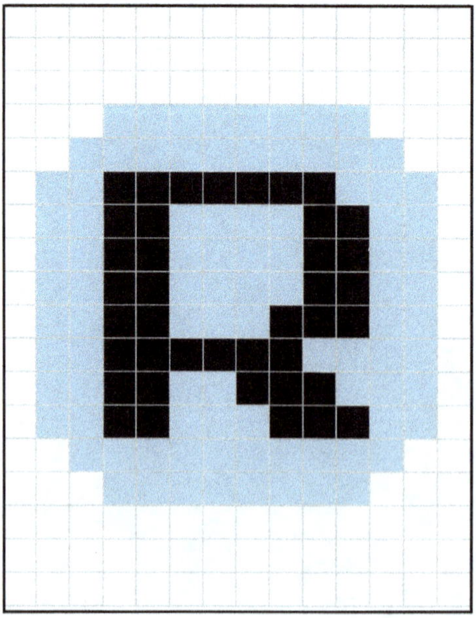

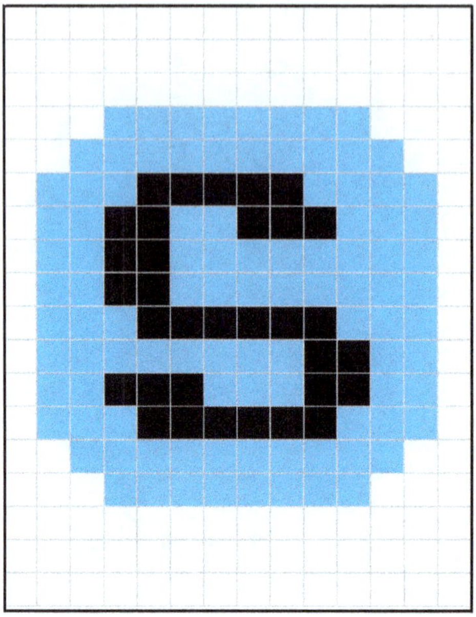
S

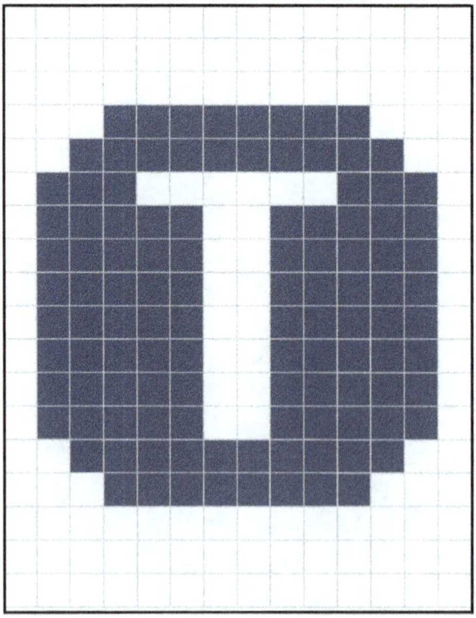
T

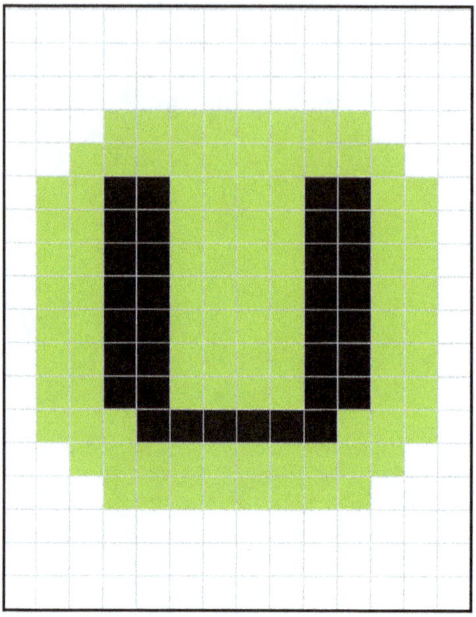

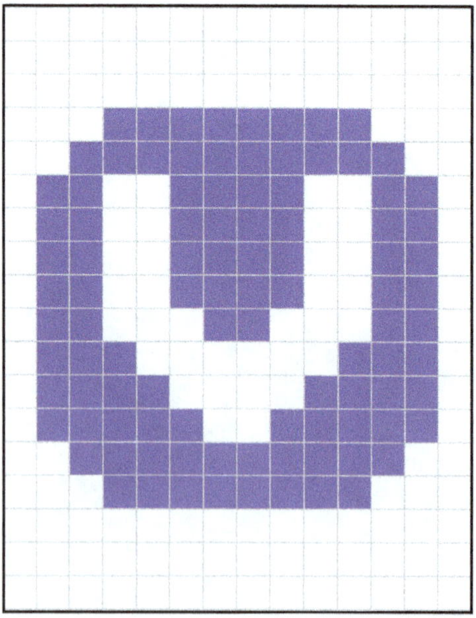

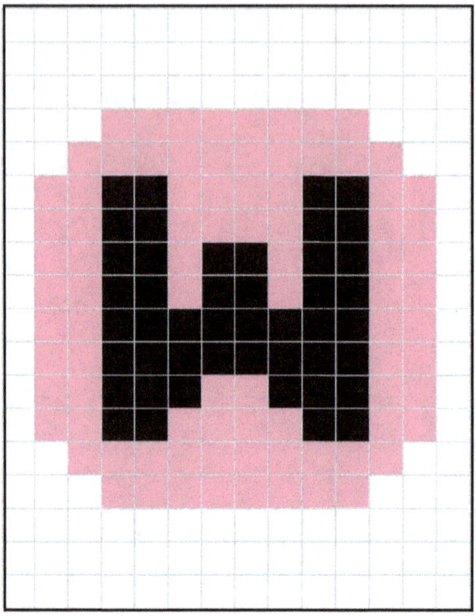

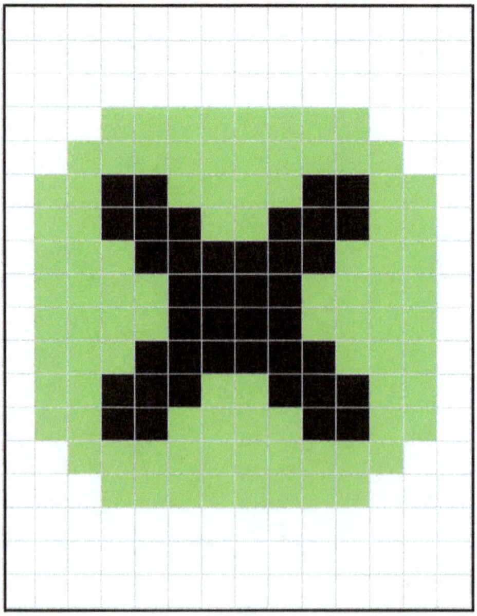

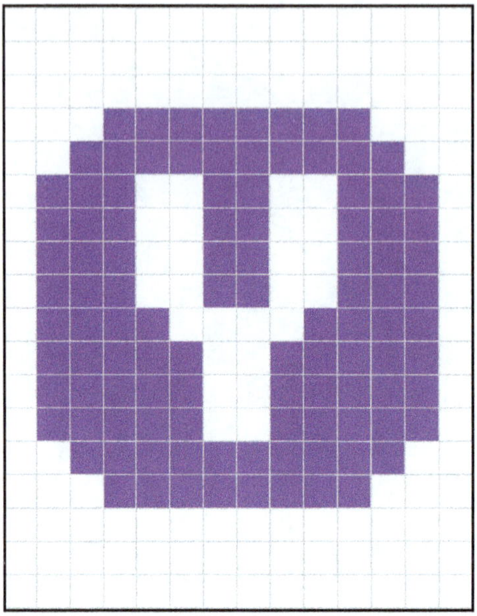

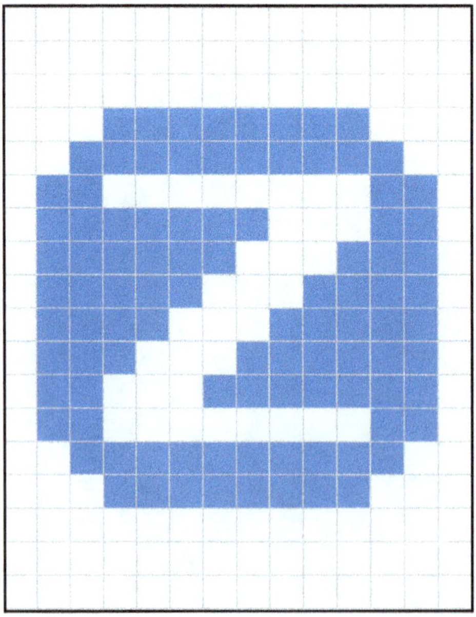

www.ingramcontent.com/pod-product-compliance
Lightning Source LLC
Chambersburg PA
CBHW071612170526
45166CB00003B/1071
* 9 7 8 1 4 7 0 9 0 5 6 8 2 *